Jochen Klepper
Die Flucht der Katharina von Bora

Roman

Mit einem Vorwort von Jürgen Werth

Jochen Klepper

Die Flucht der Katharina von Bora

Ein unvollendeter Roman

benno

Bibliografische Information der Deutschen Nationalbibliothek
Die Deutsche Nationalbibliothek verzeichnet diese Publikation in der
Deutschen Nationalbibliografie; detaillierte bibliografische Daten sind im
Internet über http://dnb.d-nb.de abrufbar.

Besuchen Sie uns im Internet:
www.st-benno.de

Gern informieren wir Sie unverbindlich und aktuell auch in unserem
Newsletter zum Verlagsprogramm, zu Neuerscheinungen und Aktionen.
Einfach anmelden unter www.vivat.de.

ISBN 978-3-7462-6516-2

© St. Benno Verlag GmbH, Leipzig
Umschlag: Ulrike Vetter, Leipzig
Umschlagabbildung: Lucas Cranach d. Ä., Katharina von Bora als Brust-
bildnis nach links, 1528 © mauritius images/ARTGEN/Alamy Stock Photos;
Ludwig Koch, Postkutsche im Regen © Artothek
Gesamtherstellung: Kontext, Dresden (A)

Inhalt

Ein unfertiges Buch
über ein unfertiges Leben

Sein letztes Buch ist wie sein Leben: unfertig und unvollendet. Doch nur auf den ersten Blick.

Schon 1935 hatte Jochen Klepper die Idee, ein Buch über Katharina von Bora, die Ehefrau des Reformators Martin Luther, zu schreiben. Damals saß er noch am „Vater", seinem großen Roman über den preußischen Soldatenkönig Friedrich Wilhelm I. Doch er, der Pfarrerssohn, aufgewachsen in einem schlesischen Pfarrhaus, war fasziniert von der Idee, sich in einem weiteren Roman dem ersten evangelischen Pfarrhaus zu widmen.

Am Ende seines Lebens, am 10. Dezember 1942, als er mit Frau und Tochter aus einem immer unlebbarer gewordenen Leben flieht, ist nur der Anfang geschafft, bleibt nur ein Fragment. Auch das erzählt von einer Flucht, dem waghalsigen Ausbruch der Nonne Katharina von Bora aus dem Kloster Marienthron in Nimbschen bei Grimma am 4. April 1523.

Es ist nur ein kleines Stück Literatur, doch es ist zugleich ein opulentes Stück Geschichte. Es saugt die Leserin, den Leser geradezu hinein in eine turbulente Zeit der kulturellen, theologischen und politischen Umbrüche und Umwälzungen. Das liegt auch daran, dass Klepper eine Sprache gewählt hat, die weitgehend zum 16. Jahrhundert passt. Zitate aus der alten Lutherbibel, die der Autor immer wieder in seine farbenprächtige Erzählung einstreut, stören so niemals den Fluss der Geschichte, sie fügen sich nahtlos ein, wirken sprachlich und inhaltlich stimmig und nicht fremd.

Klepper schreibt in der wohl dunkelsten Epoche der deutschen Geschichte. Immer stärker wird seine Arbeit eingeschränkt und behindert, wird er herausgehängt aus dem Leben. Er weiß sich argwöhnisch beobachtet vom herrschenden Nazi-Regime, das kleine Glück seiner Familie ist permanent bedroht. Seine Frau ist Jüdin, konvertiert zum christlichen Glauben, ja, aber dennoch gilt er als „jüdisch versippt" und wird aus der Reichsschrifttumskammer ausgeschlossen, was einem offiziellen Berufsverbot gleichkommt. Am Ende müssen die Kleppers mit Zwangsscheidung und Deportation in ein Vernichtungslager rechnen. Bevor er mit seiner Frau und der Tochter, die keine Ausreisebewilligung mehr bekommen hat, aus dem Leben scheidet, notiert er in sein Tagebuch: „Nachmittags die Verhandlung auf dem Sicherheitsdienst. Wir sterben nun – ach, auch das steht bei Gott – wir gehen heute Nacht gemeinsam in den Tod. Über uns steht in den letzten Stunden das Bild des segnenden Christus, der um uns ringt. In dessen Anblick endet unser Leben."

Ein tragisches Ende? Oder ein triumphales? Jedenfalls haben nicht die Schergen der Nazis das letzte Wort über Leben und Tod, ist die irdische Macht nicht stärker als die himmlische. „In jeder Nacht, die uns bedroht, ist immer noch dein Stern erschienen", hat Jochen Klepper ein paar Jahre zuvor gedichtet. Sein Tod ist nicht Vernichtung, sondern Befreiung.

Vor diesem persönlichen Hintergrund arbeitet er immer wieder an seinem neuen großen Roman und fühlt sich tief hinein in die Bedrängnisse und Bedrohungen, denen sich viele Nonnen und Mönche im Mittelalter ausgesetzt sahen. Die Mauern ihrer Klöster waren für sie wie Gefängnismauern, die sie ausschlossen vom Leben. Kaum jemand war freiwillig hierhergezogen. Den eigenen Kopf hatte man draußen zu lassen. Ihre Gelübde hatten sie selten freiwillig abgelegt. Auch Katharina von Bora war schon im Alter von vier oder fünf Jahren von ihrem verwitweten Vater in ein Kloster gegeben worden, weil er nicht länger für sie sorgen konnte und wollte. Der Hoffnungsstern an ihrem Horizont war für sie und viele andere der Wittenberger Reformator Martin Luther. Der wollte keine neue, sondern eine andere Kirche. Eine für die Menschen. Eine Kirche der Freiheit. „Ein Christenmensch ist ein freier Herr über alle Dinge und niemand untertan", hatte er geschrieben. Aber auch: „Ein Christenmensch ist ein dienstbarer Knecht aller Dinge und jedermann untertan." Die Freiheit, die er verkündigte, war nie eine Freiheit, die sich gegen andere wandte. Jeder sollte selber lesen und verstehen, was in den Heiligen Schriften stand, nämlich: Liebe Gott und liebe deinen Nächsten wie dich selbst. Darum hatte er während seiner Schutzhaft auf der Wartburg das Neue Testament, das es bis dahin nur auf Latein gegeben hatte, in die sächsische Kanzleisprache übersetzt. Jeder sollte selber lesen, glauben, denken und darüber entscheiden können, wo und wie er leben wollte.

Klepper beschreibt das in seinem Romanfragment so: „Dann kam Gottes Wort in die Mauern, die wunde Seelen gefangen hielten, und rüttelte und riss an den Steinen." Später schreibt er: „Der Wittenberger war von der Wartburg, dem Horte der Verborgenheit, herniedergefahren wie ein Erzengel mitten ins unruhevolle Sachsenland und unter sein aufgewühltes Volk." Doch er ignoriert nicht die andere, die Kehrseite dieser Entwicklung: „Manche aber fluchten, dass auf allen Straßen von Wittenberg nach Torgau, von Torgau nach Grimma, nach Chemnitz und das Ufer der Elbe entlang das Wort der Verführung und Verblendung das Land durchlaufe und die Mönche mit sich reiße. Als seien die Diener Gottes zu rohem, herrenlosem Kriegsvolk geworden, so trügen sie Unruhe in Städte und Dörfer und einsame Klöster."

Tatsächlich versinkt später nicht nur Sachsen im Chaos. Man hat nur den „halben Luther" gelesen. Es kommt zu Bauernkriegen und Plünderungen und Schändungen und Verwüstungen. Die Welt steht Kopf. Städte und Dörfer brennen. Revolutionen haben noch selten Frieden und Freiheit für alle gebracht. Der Schritt in die Freiheit ist immer ein Wagnis. Es gibt keine Orientierungspunkte. Und das Leben in der Freiheit bleibt ein mühsamer Lernprozess. Aber darf man sich darum in der Unfreiheit einrichten?

Als Katharina zusammen mit acht anderen Schwestern auf dem Karren eines Fuhrmanns inmitten leerer Heringsfässer flieht, geht sie dieses Wagnis ein. Orientierungslos, mittellos und schutzlos kommt sie über Torgau ins Zentrum der neuen Bewegung nach Wittenberg. Nicht alle heißen sie dort willkommen. Eine entlaufene Nonne ist für viele eine Schande. Luther sucht für sie wie für die anderen ehemaligen Klosterfrauen einen Ehemann – eine andere Versorgungsmöglichkeit gab es für Frauen damals nicht. Schließlich heiratet er sie selbst, der älter gewordene ehemalige Mönch die nicht mehr ganz junge ehemalige Nonne. Und im Schwarzen Kloster in Wittenberg entsteht das erste Pfarrhaus. „Das ewige Haus" hätte es bei Jochen Klepper geheißen, hätte er denn seinen Roman jemals zu Ende geschrieben.

Katharina ist die eigentliche Konstante der Reformation. Sie hält Haus, Hof, Küche und – insgeheim – auch die junge Kirche zusammen. Und sie ist nebenbei die Seelsorgerin ihres von Leidenschaften und Depressionen geschüttelten Mannes. Zuweilen muss sie ihn sogar an das Evangelium erinnern, dass er doch selbst für so viele Menschen zugänglich gemacht hat. Einmal, als ihr Doktor Martinus wieder sehr deprimiert ist, weil sich Kirche und Welt so ganz und gar anders entwickeln, als er sich das vorgestellt hatte, zieht sie Trauerkleider an und betritt so sein Studierzimmer. Luther schreckt auf und fragt ängstlich, ob jemand gestorben ist. Darauf sagt Katharina: „Der Herr Christus muss wohl ein zweites Mal gestorben sein, sonst könntet Ihr nicht so bekümmert sein."

Nicht zuletzt aufgrund solcher Erfahrungen nennt Luther sie liebevoll „mein Herr Käthe". Eine tapfere, tatkräftige und wortmächtige Frau.

Was sie ihm bedeutet, formuliert Luther im Sommer 1545, ein Jahr vor seinem Tod, in einem anrührenden Liebesbrief. Im ARD-Film „Katharina Luther" aus dem Jahr 2017 liest er sich so:

„Meinem freundlichen, lieben Herrn, Frau Katherinen Lutherin von Bora, Doktorin, Predigerin, Brauerin, Gärtnerin, und was sie mehr sein kann. Gnade und Friede, liebe Käthe. Wie reich hat mich Gott beschenkt. Nicht mit irdischen Gütern, nicht mit Geld und Land und Hausrat. Denn wenn ich in der Welt nichts hätte, besäße ich doch den größten Reichtum. Meine Frau und meine Kinder. Lieber möchte ich selbst sterben, als jemals wieder erleben zu müssen, dass eines meiner Kinder oder meine gute Frau sterben, denn ich liebe euch mehr als mich selbst. Du, Katharina, wurdest mir von Gott gesandt, zum Vorbild und zum Wegweiser. Dein Glaube wurzelt tief im Leben. Deine tätige Liebe trägt reiche Früchte. Was du für mich getan hast, und für die Kinder, darin steckt mehr Glaube als in jedem Gebet. Andere beten um Gottes Hilfe. Du aber bist Gottes Hilfe. In Liebe, dein Martinus Luther."

Kleppers Katharina ist ein bisschen wie seine Ehefrau Johanna, die ihm in dunklen Tagen immer wieder Kraft und Lebensmut gegeben hat. Das jedenfalls deutet er in seinem Tagebuch an.

Zugegeben, das vorliegende Büchlein ist keine leichte Strandlektüre. Aber es lohnt sich hineinzutauchen in dieses unfertige Manuskript über ein unfertiges Leben und die unfertige Geschichte der Welt und der Kirche, und dabei nicht nur Katharina und Martin Luther zu begegnen, sondern auch Johanna und Jochen Klepper – und uns selbst und unserer Zeit.

Beim Konzipieren seines Buches hat Jochen Klepper bestimmt gelegentlich davon geräumt, mit seiner Frau auch so ein Pfarrhaus wie die Luthers zu bewohnen und zu beleben. Es war ihnen nicht gegönnt. Die Nazis haben sie am 10. Dezember 1942 in den Tod getrieben. Oder sagen wir es so: Sie haben das ewige Haus vorgezogen.

Jürgen Werth

Die Flucht der Katharina von Bora

*B*oötes pflügte mit den Himmelskühen. Der Himmel war sein Ackerland. Die Sterne gen Mittag ähnelten einer Sichel. Der Regulus war ihr Griff. Doch nichts gemahnte an Reife und Ernte. Die Aprilnacht war kühl. Ein schlankes Reis von Sternen, stieg das goldene Bild der Jungfrau empor: nicht fern der Wolkenpforte, die der Sonne des neuen Morgens sich auftun sollte, damit der Tag der Tage anbräche, die Wiederkehr des Osterlamms und Ankunft des Bräutigams. Das edle Kreuz des Schwanes trat glänzend aus der Finsternis der Osternacht.

Als vermöchte ein starker Arm vor Gesichten zu schützen, zog Christoph, der rauhere, derbere Gesell, den schmalen, blassen Andreas an seine Schulter. Doch war ihm die Furcht vor den Geheimnissen des Himmels größer als in dem zarten Schützling. Leicht und behende schwang dessen Seele sich auf in das Gewölbe der Gestirne, wie Heilige in ihren Entrückungen von der Erde sich lösten und schwebend über ihr verharrten. Christophs Augen wurden nicht nur von der Anspannung, Dunkelheit zu durchdringen, geweitet. Noch nie hatte Christoph Worte vernommen, wie der Freund sie flüsterte. Ihn dünkte, der Gefährte lese sie aus den Sternen ab. „Dann wird das Himmelreich gleich sein zehn Jungfrauen", sprach Andreas verhauchend, „die ihre Lampen nahmen und gingen aus, dem Bräutigam entgegen. Aber fünf unter ihnen waren töricht, und fünf waren klug. Die törichten nahmen ihre Lampen; aber sie nahmen nicht Öl mit sich. Die klugen aber nahmen Öl in ihren Gefäßen samt ihren Lampen. Da nun der Bräutigam verzog, wurden sie alle schläfrig und schliefen ein. Zur Mitternacht aber ward ein Geschrei: Siehe, der Bräutigam kommt; gehet aus, ihm entgegen! Da standen diese Jungfrauen alle auf und schmückten ihre Lampen.

Die törichten aber sprachen zu den klugen: Gebt uns von eurem Öl, denn unsere Lampen verlöschen. Da antworteten die klugen und sprachen: Nicht also, dass nicht uns und euch gebreche; gehet aber hin zu den Krämern und kaufet für euch selbst. Und da sie hingingen, zu kaufen, kam der Bräutigam; und die bereit waren, gingen mit ihm hinein zur Hochzeit, und die Tür ward verschlossen. Zuletzt kamen auch die anderen Jungfrauen und sprachen: Herr, tu uns auf! Er antwortete aber und sprach: Wahrlich ich sage euch: Ich kenne euch nicht. Darum wachet; denn ihr wisset weder Tag noch Stunde, in welcher des Menschen Sohn kommen wird." Nach einem Atemholen hob Andreas erbleichend seine Stimme und stieß in verändertem Tone hervor: „Die Stunde ist da!"

Angstvoll nur wagte ihn Christoph, der grobe und treue Kumpan, zu fragen, wer ihm all die rätselhafte Rede eingebe. Aber Andreas achtete seiner nicht; und war doch sonst so fügsam im gemeinsamen Dienste bei ihrer gnädigen Frau und Ehrwürdigen Mutter, der Äbtissin von Marienthron. Denn sie dankten ihr solchen Dienst.

Kleider und Schuhe und an Geld ein Schock brachte er ihnen, den Waisen der Armen, ein. Himmlischen Lohn verhieß er ihnen zum irdischen Solde.

Andreas warf die Arme zu dem Himmelskreuz des Schwanes empor und stammelte abermals: „Die Stunde ist da! Der Bräutigam kommt! Der Schwan fliegt ihm voran! Ihr Jungfrauen gehet aus, ihm entgegen!" Dann sank ihm Stimme und Haupt.

„Christoph – hilf; hilf ihnen und mir. Ich bin ein Ketzer." Er hatte sich von den Sternen gerissen. Seine Blicke streiften scheu das brüderliche, vertraute Gesicht, als müsse die Nacht sich erhellen, damit er in dem Freundeantlitz vielleicht das erste, harte Zeichen eines neuen Schicksals erkenne. Christoph schlug mit ungefüger Hand das Kreuz.

Andreas spürte es. Er lächelte. Im Zeichen des Kreuzes bestand er! Er nestelte an seinem Brustlatz und hielt dem Gesell ein schmales Schriftstück entgegen. „Darin steht geschrieben, was ich sagte." So redete Andreas nicht die Sprache der Gestirne! Befreit horchte Christoph auf. Willig nahm er die Blätter.

Es war ja seit langem nicht mehr so, dass nur Andreas den Gefährten Christoph bewunderte. Er tat es, weil der große wenngleich jüngere Freund selbst vor den wilden Pferden keine Furcht empfand, mit denen Herrn Leonhard Koppes Fuhrwerk weither aus Torgau nach Nimbschen zum Kloster Marienthron herausgefahren kam, beladen mit Waren und Gütern. Munter seine braunen Locken zurückwerfend, half Christoph da stets die drei Rosse ausspannen. Mit Eifer sprang er bei, obwohl diese Handreichungen nicht zu den Verrichtungen gehören, die den Knaben der Äbtissin aufgetragen waren. Andreas aber hielt sich scheu zurück.

Seit geraumer Zeit jedoch lauschte Christoph, der so mutig zugriff, manchmal untätig, still, ja bange, wenn Andreas erregt und fast tonlos zu sprechen begann. Denn der Bruder im klösterlichen Dienste war gar schwächlich. Die weichen, dunklen Haare hingen ihm wirr in der Stirn, wenn er erbebte unter den Schauern erhabener Worte. Mit denen zwang der Kraftlose den Starken.

Auch in dieser Nacht war es wieder so gewesen. In dieser heiligen Nacht hatte der Sanfte, Zaghafte ihn zum Ungehorsam verleitet! Unergründliche Macht des Geistes war ihm gegeben. Was half es, dass Christoph ihm mit einer Faust die beiden Handgelenke zu umspannen vermochte? Andreas hatte ihn, allem Verbote zum Trotz, aus ihrer Kammer geführt, ihn über den äußeren Klosterhof gedrängt. Die Knaben der Äbtissin standen an die Hofmauer gepresst, wie eingehüllt in ihr Efeugeranke. Kein Laut war vernehmbar als das leise Knistern der rauen Bogen, die Andreas in die schweren Hände des Kumpanes drückte.

„Dies ist das Zeichen, Christoph. Lege es auf die Schwelle der Pforte am Kreuzgang", beschwor er ihn dabei, „und warte ab, was geschieht."

Wieder überlief den Täppischen, Getreuen ein Schauer vor der Übermacht des schmächtigen Gesellen.

Andreas achtete nicht darauf, was ihn Christoph hätte

fragen mögen. Ihm kam kein Zweifel, ob ihn der Mutige, Starke für einen feigen Anstifter halten möchte.

„Dass du es nur weißt", raunte er Christoph zu, „was nur du noch nicht erkennst und ich doch längst spürte: Du bist schon einer der unsern!"

Und das Unheimliche seines Redens und Gehabens erhöhend, stieg nun der Knabe, der bis dahin seinem mannhafteren, wenn auch fast gleichaltrigen vierzehnjährigen Gefährten schier unfasslich hilflos und ungeschickt erschienen war, behende in den knorrigen Wurzeln des Efeus an der Mauer empor.

Unsicher blickte Christoph auf. Bedrückt umklammerte er das Blätterbündel mit seinen ungefügen Händen. Es war wie ein ratloses Abtasten der Schrift, deren Sinn die Nacht ihm verbarg. Er konnte nur seinen Fäusten vertrauen; und seinem Herzen. Von seinem Herzen wusste er es nicht.

Als sehe er des Freundes Zaudern, ließ Andreas sich noch einmal bis zur Mitte der Mauer hinabgleiten. Selbst unter seinen leichten Füßen bebten und raschelten die Ranken des Efeus.

„War es nicht zu deinem Heil – alles, was ich dich lehrte? Lass nicht ein Unglück über uns – und jene kommen, Christoph! Der Bräutigam wartet, und die Jungfrauen gehen aus, ihm entgegen!"

Was ihn die Finsternis nicht sehen ließ, spürte Andreas aus der Stimme des Dienstgefährten, als der seinen Worten antwortete: Christophs junges Antlitz, das der bitteren Zeichen des Lebens noch harrte, strahlte auf.

„Alles geschah zu meinem Heil; alles, was du mich lehrtest", rief er zu dem Unterlegenen hinauf, der ihn überwand. Dabei wölbte er, den Schall zu dämpfen, die Hände wie das Horn eines Hirten um den Mund und hielt die ihm anvertraute Schrift in die Achselhöhle gezwängt.

Andreas klomm wieder der Mauerbrüstung entgegen.

„Es ist das Evangelium, was du in Händen hältst: das Evangelium von den Jungfrauen und ihrem Bräutigam! Lege es vors Türlein am Kreuzgang!"

Nach diesen Worten redete Andreas nicht mehr zu Christoph. Von der Höhe der Klostermauer spähte er angespannt lauschend in die Nacht.

Die schattenhaften Umrisse der Türme, Dächer, Giebel, Mauern, Pfeiler und Torbögen waren hart und gedrungen. Denn zu den strengen Regeln, denen der heilige Bernhard vornehmlich die Zisterzienserinnen unter allen Benediktinerinnen als ihr Stifter und Vater unterworfen hatte, gehörte auch das Verbot, hohe Türme zu bauen und weiterhin tönende Glocken in ihnen aufzuhängen. Gleich einem steinigen Gebirge lag das Kloster zwischen den beiden sanften Hügelketten der Aue: so kantig und zerklüftet, dass der Knabe aller Lindigkeit und Lieblichkeit vergaß, die der Tag über dem Flusstal der Mulde enthüllte. Die mächtigen Linden, die auf der Höhe des Jahres das schwere Gemäuer umwogten, standen in dem herben, späten Frühling noch unbelaubt, und der wilde Wein umwucherte das Kloster noch nicht.

Die Hallen und Zellen des Gebetes wie jeder Winkel irdischer, emsiger Geschäftigkeit; Gotteshaus, Abtei und

Propstei, Predigerhaus und Mägdleinschule, die beiden Klosterhöfe und die Klausur; Torhaus und Brauhaus, Backhaus und Schlachthaus, Vorwerk und Gut mit ihren Ställen und Scheunen, das kleine Höfchen jenseits der Mulde – die ganze Gottesstadt der frommen Frauen war in Frieden gehüllt. Stille umwob die Schmiede von Marienthron und die Mühle am Klostergraben, als erdröhne nie ein Amboss; als stünde das Mühlrad seit Menschengedenken. Die alte Zisterzienserabtei war von der Weihe überströmt, die von dem steinernen Abbild des Heiligen Grabes ausging. Das Todesschweigen des vom Kreuze genommenen und in die Grableinwand gebundenen Herrn hatte sich über die Erdennacht gesenkt.

Aber das Leben der Menschen atmete fort. In der Spannung dieser Augenblicke wurde dem Knaben auf der Mauer erst bewusst, wie vieler Menschen Ohren und Augen er zu fürchten hatte: jetzt, da er sich aus der geheiligten Welt des Klosters lösen wollte, die sich allein noch der Verheißungen gewiss glaubte, wie sie einst über die ganze Erde ausgesprochen waren. In der Nacht der Trennung, die alles einem Wandel unterwarf, wurden die Stätten, die ihn einst umhegten, dem Dienstknaben der Domina zum umklammernden Gefängnis, und die Menschen, unter denen er bis dahin gar behütet lebte, zu Feinden.

Jede Wölbung, Spitze und Schräge zu seinen Füßen wusste Andreas zu deuten. Ein noch so matter Lichtschein, der um Kreuz und Maßwerk der weiten Fensterbögen fahl aufgeschimmert wäre, hätte ihm bezeichnet, woher Gefahr drohe. Wachen und Beten in den Mauern Marienthron konnte zur Stunde nur Unheil bedeuten!

Ein schmerzlicher Blick auf das alles überragende Dach der Abtei – der war ihm der einzige, doch völlige Abschied von allem, das ihn an Gutem hier umgeben hatte. In der Abtei wohnte die Ehrwürdige Mutter mit ihren Gästen und ihrem Gesinde, der Frauen Magd und den beiden Dienstknaben – und wähnte sie auch jetzt in ihrer Nähe. In den schönsten Gemächern, die der gnädigen Frau Äbtissin vorbehalten waren, hatten sie ihren Dienst tun dürfen, geleitet von ihrem Ernst und ihrer Güte. Vielleicht betete sie, nun die Kerze in ihrer Kammer verlöscht war, für sie ihr mütterliches Gebet. –

Die Lippen des Knaben waren hart geschlossen. Es war nicht mehr der Mund eines Kindes. Dieser Mund hatte Worte gesprochen, wie ein Kloster sie für Zeit und Ewigkeit bannte und strafte. Andreas dünkte, sie seien vom Himmel auf die Erde herniedergekommen und müssten sich brechen an den Mauern der Klöster oder sie zerbersten lassen, als sei eine Feindschaft aufgebrochen zwischen Gottes Wort und Gottes Häusern.

Es war einer aufgestanden, den der Knabe der Äbtissin noch nie von Angesicht sah, der ihn aber rief, unablässig rief mit wundersamen, unentrinnbaren Worten. Dem gehorchte er noch williger als der Domina.

Nun Andreas solche Worte in seinem Herzen bewahrte, war es ihm, als habe er sich immer schon nach ihnen gesehnt. Wenn er den lateinischen Hymnen der Nonnen lauschte und mit den Singenden Gott zu loben begehrte, hatte er der Worte keines gewusst, die zum Ohr des Höchsten drangen. Jetzt aber strömten sie durch sein Herz. Heimlich hergebrachte Schriften hatten sie ihn gelehrt.

Der Ruf des Gotteswortes war vernommen.

Nein, kein Gebet in klösterlichem Gewölbe vermochte ihn noch diesem Ruf zu entreißen.

Von Ackerknechten, Kuh- und Schweinehirt, von Käsemutter, Gänsehirtin und Mägden; von dem Kellermeister, Bäcker, Müller, Schmied und all den Klosterhandwerkern, die am vorderen Hofe bei den Küchen und den Kellern hausten, meinte der junge, des klösterlichen Lebens kundige Diener der Ehrwürdigen Mutter nun freilich nicht, dass sie wachten und beteten. Er glaubte es auch schwerlich von Vogt und Schreiber und dem Burschen, der zur Bedienung der beiden geistlichen Herren von Pforta gehalten wurde.

Die Beichtväter der Klosterfrauen im Predigerhause, die zwei Mönche aus der Abtei Pforta, deren priesterlicher Obhut der Konvent von Marienthron unterstand – auch sie würden nicht als Wächter und Beter den Ostermorgen erwarten. Eher konnte der Fall sein, dass ein Streit sie noch wachhielt. Denn streitbare Herren waren es und den Nonnen gar lästig und störend durch Anmaßung und Anspruch; suchten die beiden Mönche doch die vierzig Jungfrauen widereinander aufzubringen. Dem alten Probst, dem „Ehrn"; dem Verwalter der klösterlichen Einkünfte und Vorsteher aller Unternehmungen und Geschäfte zu Nimbschen, redeten sie in seine Obliegenheiten. Die Nonnen aber hielten unbeirrt zu ihm. Erst unlängst hatten die Konventualinnen sogar die weltliche Gewalt wider die beiden geistlichen Herren und ihren Beschützer, den Abt von Pforta, und für ihren Probst angerufen. Der „Ehrn", ermattet von Zwisten und Mühen, schlummerte wohl jetzt ohne Arg, von aller Nonnen milder Huld geborgen und selbst von den Gebeten der Schulmägdlein dem Schutz des Höchsten empfohlen.

Die jungen Mägdlein in der Klosterschule, die pueri, welche bei den Frauen von Marienthron Behausung, Kost und Unterweisung in Sitte und allerlei Wissen erhielten: sie schliefen dem holden Feste entgegen. Und der Schlaf der Erschöpfung – so gebe es Gott! durchfuhr es den Knaben – war nach den Wochen des Fastens und dem nächtlichen Gesang der Ostervigilie auf die Nonnen gefallen. In den schmalen Zellen des Dormitoriums wachte wohl keine außer den acht klugen Jungfrauen, die in dieser Nacht den Morgen ihres Lebens erkannten und denen er sich zum Dienste erbot, wie er bisher der Domina diente.

Das Dormitorium, das Refektorium und der Konvent, Schlaf-, Speise- und Versammlungshaus der Klosterfrauen, waren mit dem Kreuzgang, der seine hochstrebenden Bögen nur nach innen öffnete, an die Kirche gegürtet. Vor der Welt verborgen, flüchteten sie sich in ihren Schatten. Abgewendet von den Straßen der Erde waren die drei Häuser hinter dem fernsten und engsten Klosterhof nahe an die holde Aue gelagert. Nur eine schmale Pforte führte hier die Nonnen in ihre Gärten und aus den Gärten dereinst nur noch zum Friedhof.

Nur ein einziges Mal hatte Andreas vor dieser Pforte gestanden: heimlich, als er den Plan erwog. Aber schon damals war er durchdrungen von dem Entschluss, die Pforte zu sprengen; und war doch schwach und schmal und manchmal so müde schon vom leichten Dienste bei der gnädigen, ach, der wahrhaft gnädigen Frau.

War's eine Wundernacht? Geschah ein Mirakel? Sprang das Türlein von selbst? Was klirrte und ächzte?

Der Knabe schrak auf. Aber es war nichts, als dass drunten im Stall der junge schwarze Klosterhengst seine Kette schüttelte und dumpf in seiner Strohschütte stampfte. Andreas wusste, dass die Füllenhirten in dem Verschlage neben Streu und Krippe davon nicht erwachten. Sie schliefen von der schweren Müdigkeit ihrer starken Jugend so tief wie die jungen Tiere, die ihrer Obhut anvertraut waren, mitten unter den grobschlächtigen Ackergäulen. Die Kälber lagen still bei den Kühen, die Fohlen neben den Stuten, stärker gebunden als durch Eisen und Hanf. Der Nachtgesang der Nonnen war zum sanften Schlummerlied für alle Kreatur geworden.

Doch drei, vor denen es auf der Hut zu sein galt, hatte der Beerenschnaps betäubt: Thalhagen, den Wärter im Torhaus; den Holzhacker, der im Eichenwäldchen das Brennholz für die frommen Frauen schlug; und auch den Höllenheizer, den nicht immer treuen Wächter über die Küchenherde und Kamine der Abtei.

Den starken, scharfen Beerengeist hatte ihnen Andreas, erbebend von der eigenen Verwegenheit, am letzten Abend der Fastenzeit im verhüllten Steinkrug in ihre Kammern am äußersten Klosterhofe gebracht. Er war gewiss, dass sie das Fasten brechen würden, noch ehe die österliche Feier anhob und ihre Gelübde von ihnen nahm.

In heißen, jähen Stoßgebeten flehte der Knabe, dass niemand, von dem es ihm nicht kund war, in den Mauern und Gefilden von Marienthron ohne Schlaf bleiben möchte.

Aber eine wachte, von der er es nicht ahnte.

Seit sie nach der Mitternachtsvigilie ihre Zelle betrat, stand Katharina von Bora an das Fußende ihrer harten, schmalen Bettstatt gelehnt. Ihr Gesicht blieb der Tür zugewendet, als spräche sie zu Holz und Eisen, Balken und Nägeln.

*

Die Pfeiler des Kreuzganges schlossen sich wie die Wipfel des Weges zusammen, der in der Abendkühle zu dem Felsengrabe in dem Garten Josephs von Arimathia hinführte. Auf der Mitternachtsseite des Ganges war das Grab des Herrn als steinernes Bildwerk in eine tiefe Nische des Gewölbes eingelassen. Der Stein verbarg und versiegelte, was der Heiland auch im Grabe, darin er Leid und Schuld der Welt zur Ruhe brachte, litt; denn in dieser Nacht ist er „hingegangen und hat gepredigt den Geistern im Gefängnis, die vorzeiten nicht glaubten, da Gott harrte und Geduld hatte" und „ist hinuntergefahren in die unbekannten Örter der Erde".

Als sollte abermals auf Erden geschehen, wovon die Nonnen Marienthron auf der Höhe der Osternacht in der Vigilie Resurrectionis Dominicae gesungen hatten, traten Frauen an den Rand des Grabes. Eine von ihnen hielt eine Ölschale in Händen, wie wenn sie Salben, Spezerei und Balsam herbeibrächte, damit sie den Leichnam des Herrn zu salben begönne. Alle neigten ihr Antlitz, wie es ihnen von dem Tage an eingeprägt war, an dem sie es mit dem Nonnenschleier umhüllten.

„Denn die Scham", gebot ihnen die Regel ihres Ordens, „ist die Hüterin der Jungfrauschaft, der köstlichen Perle, welche die geistlichen Töchter bewahren sollen. So sollen sie mit Seufzen und Beklagen der verlorenen Zeil die Ankunft des himmlischen Bräutigams erwarten, welcher seine Verlobten, die im Glauben und heiliger Profess stets des Herrn harren, mit Frohlocken in sein Brautgemach führt."

Leise hatte eine der acht Jungfrauen solches Ordensgesetz herzusagen begonnen. Als erführen sie ein köstliches Geheimnis und nicht die längst vertraute Regel des heiligen Bernhard von Clairvaux, hatten die anderen ihr zugelächelt. Im wehenden Scheine der Öllampe war es wie eine nächtliche Verklärung ihrer aller gewesen. Sämtlich hatten sie den neuen Sinn der alten Worte verstanden, als diese in der Auferstehungsnacht das klösterliche Schweigen durchbrachen: und es war ihnen doch das Schweigen unerlässlich geboten und unabwendbar anvertraut als der Schlüssel der Religion! Sie scharten sich um die Schwester, die so zu ihnen sprach und ihnen die flammende Schalt' entgegenhielt. Mit ihren weißen Kutten und schwarzen Schleiern woben die Nonnen schützende Schatten um das Licht und ließen seinen Schein nur auf die niedrige und schmale Tür am Ende des Kreuzganges fallen. Aller Augen hatten nur dies eine Ziel. Kaum, dass sie leise in den Angeln ächzte, sprang die Pforte auf. Keines Menschen Hand war sichtbar, die sie ihnen auftat und offen hielt. Lächelnd, bebend, weinend, unhörbar eilten die Himmelsbräute dem offenen, schmalen Tore entgegen. Nicht fragend, nicht forschend, nicht spähend und nur mit stillem Dank der heimlichen Helferin gedenkend, drängten sie der spitzen, steilen, jedoch gar niedrigen Pforte zu, durch die keines ungebeugt schritt. Wie eine weiße Wolke schwebten sie in die Nacht.

Aber als das Tor, wiederum gezogen von verborgen bleibender Hand, langsam hinter ihnen zufiel, erstarrten die Nonnen. Sie stockten und hielten einander umfasst. Die

Ölschale in der Hand der Schwester, die das Licht für sie trug, erbebte. Das fließende Feuer drohte verschüttet zu werden. Denn zwischen ihnen und der Klostertür, ehe sie ins Schloss sprang, stand eine, von der sie nicht wussten. Den schwarzen Schleier zog sie wie einen Schutz gegen die nächtliche Kühle um sich und hielt ihn an dem Knoten ihres Gürtels zusammen: so verbarg sie, dass sie vor Erregung zitterte.

Die neunte an der Pforte war mit den Jungfrauen nicht im Geheimnis. Entsetzte Blicke der acht Eingeweihten suchten einander. So unheilvolle Gefahr es bedeutete, schrien einige unter ihnen leise auf. Die Flucht war verraten. Wer brachte Verhängnis über sie alle? Welche der Schwestern war es, die in der Finsternis zu einer Fremden wurde? So unbekannt vermochte eine zu werden, die täglich im Chorraum in ihrer Mitte die Matutin und die Terz, Sext und Nona, Vesper und Komplet betete und sang! Ein solches Rätsel konnte eine der ihren umgeben, die im Konvent in ihren Reihen um die Ehrwürdige Mutter sich scharte, im Refektorium das Brot an ihrer Seite segnete und brach, im Dormitorium Zelle an Zelle neben ihnen schlief!

Die geheimnisvolle neunte nahm ihrer Schwester die Öllampe ab, die ihr entsinken wollte. Sie hob die feurige Schale empor. Indes die Häupter der acht Nonnen sich beugten wie unter einem Gerichte, streiften die Blicke der geängstigten Frauen dennoch die Unerwartete, die zuvor im Kreuzgang keine von ihnen erblickte.

Der schwankende Lichtschein löste das bleiche Antlitz und den weißen Saum der Kutte aus der Dunkelheit. Die

dunklen Augen, von den acht Jungfrauen gesucht und ge-
mieden in einem, waren von einem starken Glanze über-
haucht.

Alle Furcht und Sorge strömte in den einen Namen, der
zu einem kaum vernehmbaren Ruf der Klage und des
Staunens wurde: „Schwester Katharina!"

Katharina von Bora brachte das Gericht über sie! Ach, nur
die Ratlosigkeit vermochte sie noch Schwester zu nennen!
Doch Katharina lächelte. Obwohl Flammen und Schatten ihre Züge bald enthüllten, bald verbargen, war ihr Lächeln dennoch wahrnehmbar. Nur in ihren Augen stand
der schwere Ernst.

Sie trug den Gefährtinnen ihrer Gesänge und Gebete die
Lampe voran. In der schmalen Rechten reckte sie den
breitrandigen Becher voll Lichtes hoch empor. Schweigend schritt sie dem Garten zu. Sie ging nicht zur Klosterpforte zurück!

Keine der acht erkühnte sich zu folgen. Dichtgedrängt
umklammerten sie einander. Ihre weichen schwarzen
Schleier lagen wie ein einziges dunkles Tuch um sie. Es
war, als hätte die Todesnacht des Herrn die helle Wolke der in weißen, wehenden Gewändern dahineilenden
Jungfrauen verschlungen.

Katharina von Bora wandte sich nach ihnen um.

„Schwestern", sprach sie, und die Nonnen horchten voll
Erregung auf, „Schwestern, wer die Braut hat, der ist der
Bräutigam; der Freund aber des Bräutigams steht und
hört ihm zu und freut sich hoch über des Bräutigams
Stimme. Diese meine Freude ist nun erfüllt."

In diesen Worten hatte Katharina von Bora sich den achten als ihre Verbündete entdeckt. Katharina von Bora wusste das heimliche Zeichen: das Evangelium vom Bräutigam und der Braut, dem Freund des Bräutigams und den hochzeitlichen Jungfrauen! Katharina von Bora sagte die Worte her, die der Wittenberger der frohen Botschaft in der Sprache der Seinen gab. Katharina von Bora bekannte sie unter dem Sternenbilde des Schwanes, der des Wittenberger Gottesboten seit langem prophezeites Zeichen war!

Mit dem Sternenglanze verklärte das Lächeln der neun Himmelsbräute die Nacht. Wie es geschehen sein mochte, dass Katharina von Bora eine der Ihren geworden war: in diesen bangen Augenblicken an der Kreuzgangpforte drängte keine in sie! Das Zeichen war ihr bekannt und die Freude auch für sie erfüllt: die Freude, vorerst noch umdunkelt von zagenden Gebeten und furchtbaren Entschlüssen.

Die schwarzen Schleier flatterten im Nachtwind, als die bräutlichen Schwestern eilig miteinander in dem leise rauschenden Garten den geheimnisvollen Weg sich bahnten. Die Finsternis nahm ihre schwarzen Schleier in sich auf. Die weißen Kleider, von reiner und schöner Leinwand, schimmerten licht.

Die Zweige der noch winterlich kahlen Sträucher und die dürren Ranken, die sie eng verflochten, wurden vor den Nonnen weit auseinandergebogen. Andreas und Christoph, die Knaben der Äbtissin, hielten sie wie Flügel eines Tores weit geöffnet.

Bei einem Haufen aufgeschichteter Feldsteine war, von altem Reisig und dem welken Laub des alten Jahres überdeckt, eine Stalllaterne niedergestellt. Wie Stufen einer Treppe hatte Andreas die Gartenmauer entlang sich übereinander erhöhende Steinhügel aufgeschüttet: Feldstein und Porphyrbrocken. Die waren aus dem schroffen, dunklen Fels gebrochen, der aus dem lichten Flusstal jäh aufstieg. Jedes Stück Mauerwerk des Klosters war ihm entrungen: Turm war wie Fels und Fels wie Gotteshaus. Von dem letzten Steinhaufen her blieb nur noch ein großer Schritt auf die Brüstung zu tun. Schon beugten die Knaben der Äbtissin ihre Schultern und Nacken unter die Füße der Nonnen, um sie zu stützen.

Katharina von Bora durchbrach das Zaudern der anderen. Gar seltsam war ihr, den Fuß auf die schmächtigen Schultern des demütig gebeugten Andreas zu setzen. Ja, wunderlich war dieser Schritt. Verwandelte er sich doch in einen Schritt vom Tode zum Leben, von der Erwartung zur Erfüllung, von der bräutlichen Bereitung zur Hochzeit. Sie fühlte den schwachen, in allen Sehnen mühevoll gespannten Knabenleib unter ihren Sohlen beben. Sie spürte danach den festen, steinernen Grund der alten breiten Klostermauer. Es drängte sie, auf dem Sims zu verweilen. Aber noch ehe ihr der zweite Helfer auf der anderen Seite der Mauer von drunten leise zurief, neigte Katharina von Bora sich den fremden Händen zu, die sich ihr aus der Tiefe und dem Dunkel – aus der unbekannten Welt entgegenstreckten. Sie ließ sich in die starken Arme fallen, die ihrer harrten; die sie hoben, nahmen und trugen. Und in dem starken und breiten Umfangen dieser Arme glaubte sie die Verheißung eines neuen Lebens für alle Zukunft beschlossen.

Die Nonne betete in ihren Gedanken, indes sie die unbekannte Hand ergriff und von den fremden Armen sich bergen ließ. Die abtrünnige Nonne betete stumm mit den Worten des Psalmisten. Sie betete sie, wie der Prophet und Evangelist von Wittenberg, den sie in Rom als Ketzer verfemten und mit dem Banne belegten, die Psalmenworte in ihrer aller Zunge nachsang:

„Ich aber bete.

Stehe mir bei, Herr, mein Gott! Hilf mir nach deiner Gnade, dass sie innewerden, dass dies sei deine Hand, dass du, Herr, solches tust. Fluchen sie, so segne du.

Stehe auf, Herr; Gott, erhebe deine Hand. Lass mir deine Hand beistehen!"

Außer diesen Worten auf den Lippen, die nur Gott reden sah, trug die Nonne nichts bei sich, als sie mit ihrem Gott über die Mauer sprang, wie geschrieben steht: „Mit dir kann ich Kriegsvolk zerschlagen und mit meinem Gott über die Mauer springen."

Es geschah wohl um die Stunde, zu der in der Todesnacht des Herrn der Stein von der Tür des Grabes gewälzt ward.

Aber die Nacht war voller Bangigkeit, und kein Osterjubel umfing die Jungfrauen, die dem Bräutigam entgegeneilten. Nur der Trost des göttlichen Wortes wehte durch die Nacht mit den Fittichen der ewigen Liebe: „Fürchte dich nicht; glaube nur. Ich bin der Herr, dein Gott, der deine rechte Hand stärkt und zu dir spricht: Fürchte dich nicht, ich helfe dir!"

*

Was hatten die drei Männer vor dem Nonnenkloster zu schaffen? War es denn eine der drei Kirchweihnächte? Zur Kirchweihe, ja, da mussten die benachbarten Klosterdörfer Groß- und Kleinbardau fronweise je drei Männer einsenden, die zur Verhütung von Händeln Tag und Nacht Wache hielten. Gar schwierig war's, des Tags zwischen den Buden mit Ware und Tand, des Nachts zwischen den Zelten mit Speise, Trank und Spielmannsmusik die rechte Ordnung unter den fröhlichen Wallfahrern zu wahren. Wohl galt auch dieser derbe, grobe Dienst dem höchsten Feste der Klosterkirche Marienthron; aber es war gut, dass die Zisterzienserinnen nichts von all dem Treiben sahen, das um die Mauern ihrer Klausur toste. Nur dass der heitere oder zänkische Lärm in den Frieden ihres Gotteshauses, das Schweigen ihrer Zellen, die Stille ihrer Gärten drang.

Auf zwölf Altären waren zur Kirchweihe die Heiligtümer des Klosters aufgebaut. In Wechselgesängen grüßten die Nonnen die edlen Kruzifixe und kostbaren Monstranzen, die reichgeschmückten Kapseln, kunstvollen Schreine und golden schimmernden Tafeln, die sie zu dem hohen Fest auf die Altäre trugen. Und viele unter den Klosterfrauen erschauerten vor der Heiligkeit der Dinge, die ihre Hände für selige und verzückte Augenblicke umschlossen. Denn da waren Holzsplitter von Krippe, Abendmahlstisch und Kreuz des Erlösers, ein Dörnlein von der Schmerzenskrone, Erde vom Grabe des Herrn und ein Fetzen vom tränenbetauten Schleier der Jungfrau Maria. Auch fehlte nicht der Tropfen Blut des Apostels Paulus, das unterm Schwert gen Himmel sprang. Mancherlei Gliedmaßen, Schnallen, Bänder und Nadeln gemahnten an die Romfahrt der elftausend Jungfrauen und ihre Heimkehr in den Tod, den sie um ihres himmlischen Bräutigams willen auf sich nahmen. Und auf lange Wochen und Monde wurde die Schuld von allen genommen, die, zu den Reliquien aufsehend, im Bittgang den Kirchhof von Marienthron umschritten, die Predigt des Priesters anhörten oder beim Aveläuten ihre Knie vor dem Klosterschatz der Heiligtümer beugten.

Der große Ablass, von geistlichen und weltlichen Fürsten dem Kloster erwirkt oder erworben, der zur Kirchweih in Marienthron verkündet wurde, ließ von weit und breit das Volk der Ebene nach Nimbschen ziehen. Dort aber harrte seiner außer dem geistlichen Segen noch die weltliche Messe, der Jahrmarkt. Um des Ablasses willen – Bürger wie Bauern des Landes gaben längst dem ganzen Feste diesen Namen – war für drei Tage und Nächte alles Feilschen, Würfeln, Prassen, Zechen und Tanzen ohne Schuld und geschah allein zu Wohl und Gunsten des Klosters. So brachte es, nun die Felder im August gemäht waren, noch einmal eine reiche Ernte ein, eine Ernte an Münzen und Gaben.

Wer aber dachte in der heiligen Karsamstagnacht, in der die Saaten kaum sprossten, an Kirchweihlärm? Wozu hielten sich die drei Männer in dieser Nacht bereit, die der Klage am Grabe des Heilands bestimmt war?

Wartete wohl der Reisewagen der Frau Domina am Klostertor, und hatten sie die Pferde angespannt? Da hätte jeder, der vom klösterlichen Leben wusste, wohl nur spöttisch aufgelacht!

Wohl ging es manchmal nach Grimma, in die nahe Stadt, oder auch ins ferne Torgau, wo einst das Kloster gegründet ward. Solche Fahrt der Ehrwürdigen Mutter wurde aber meist erst um Martini in Begleitung einer der älteren Klosterfrauen angetreten, die ihres Wohlwollens und Vertrauens besonders würdig war. Da hielt man vor dem Winteranfang Einkauf bei Leonhard Koppe, dem Kaufherrn und Schösser zu Torgau; die Warenrechnungen des Jahres wurden beglichen, Pacht und Zinsen eingenommen. Denn um des Kurfürsten Residenz an der Elbe hatte das Kloster aus den Zeiten, da es begründet worden war, noch mancherlei Besitz an Äckern und Wiesen.

Aber hatte denn jemals einer gehört, dass die Frau Domina dreier Wagenlenker und Hüter ihres Geldsäckels bedurfte?

In der Osternacht empfahl die Äbtissin sich einem anderen Schutze an, und ihr Sinn war in heiligere Geschäfte versenkt! Die Stunde, da einst der Stein von des Grabes Tür gewälzt ward, rückte nahe: Martini lag noch weit. In der Osternacht wurden die vier Kutschpferde von Marienthron nicht eingeschirrt!

Freilich, ein Wagen hielt am Rande des Klosterholzes, nur wenig entfernt von den Männern. War der Kurfürst auf den Straßen um Nimbschen unterwegs und hatte er wieder dem Kloster Marienthron ein Gefährt zu stellen befohlen? Solchen Planwagen, wie er hier aufgefahren war, holte man doch aber wahrlich nicht für des Kurfürsten Gnaden aus dem Schuppen hervor, auch wenn der Landesherr nun gar in der Karsamstagsnacht auf eiliger Reise durch sein unruhiges Sachsen gewesen wäre! Solche Fahrt entsprach gewiss nicht seiner gemessenen Art. Reiste wohl Abt Balthasar von Pforta heran, abermals wegen klösterlicher Missbräuche und Zuwiderhandlungen gegen die Regeln des heiligen Bernhard eine lange Beschwerde und Vorschrift zu Pergamente zu bringen, wie es schon zweimal geschah? Die Mitternacht des Stillen Sabbats wählte auch der Hitzige zu solcher Ankunft nicht! Und der Wagen, den der Abt von Pforta benützte, musste seiner Würde und seinem hohen Anspruch gemäßer sein! Denn es war eine große, mit vielen Umständen und Kosten verbundene Sache um die richterliche und priesterliche Einkehr Herrn Balthasars im Kloster Marienthron. Samt seinen Begleitern war der Abt gar feierlich einzubringen, mit Erkenntlichkeiten zu bedenken und prächtig zu bewirten. Noch aber war die Zeit des Fastens und Klagens!

Hätte einer den Frachtwagen gesehen, er wäre vielleicht doch eher zu der Vermutung gelangt, das Fuhrwerk gehöre Herrn Leonhard Koppe aus Torgau. Aber war der Kaufherr nicht zu vertraut mit klösterlicher Art und frommem Brauch, zur einen Zeit Gott und zur anderen den Menschen zu dienen? Wie hätte er – was zwischen Martini und Theodorus sonst häufig der Fall war – in dieser Nacht der Sabbatruhe seine Kisten, Körbe, Säcke und Ballen liefern lassen!

Die drei Männer zwischen der Klostermauer und dem hügeligen Buchendickicht nahe am schilfumkränzten, schimmernden Weiher, der den Beterinnen von Marienthron die Fastenspeise gab, standen regungslos. Nur manchmal wandte sich einer von ihnen nach den Pferden um, als müssten auch sie in ein Geheimnis einbezogen bleiben. Hätte eines Menschen Blick die Nacht durchdrungen, die nur eine mit Reisig verdeckte Laterne in schmaler, schwacher Lichtbahn matt erhellte – das Rätsel wäre ihm nur noch unlösbarer erschienen. Wie diese drei, so nach Herrenart, sah selbst des reichen torgischen Kaufherrn in gutem Lohn und Sold gehaltener Fuhrmannstross nicht aus. Zwei jüngere Herren – der eine von ihnen freilich kein Jüngling mehr – von ehrbarem Stande flüsterten da miteinander; und der Alte neben ihnen, der wie ein Jäger nach dem Wild ausspähte, wirkte wie ein reicher Junker, wie sie auf den Herrensitzen rings nicht gerade häufig waren.

Aber es war in der Tat Herr Leonhard Koppe von Torgau. Der Kaufherr selbst war mit dem Planwagen gekommen. Sein Fuhrwerk war ohne Fracht. Ware brachte Herr Koppe nicht mit. Es standen zwar zwei Fässer bei dem Fuhrwerk, aber die Tonnen waren leer. Lautlos waren sie herabgehoben worden.

Als über der Klostermauer der Schatten einer verschleierten Frau erschien, stürzte Leonhard Koppe, wachsamer als die beiden jüngeren Männer, als Erster herbei, ihr hilfreich seine starken Hände entgegenzustrecken. Wie ein Vater nach langer Trennung sein Kind umarmt, so fest und doch zart umschlossen seine Arme die Nonne Katharina von Bora. Und wirklich verharrte die Unbekannte an seiner Brust, als berge sie sich an seinem Herzen, und war ihm doch aus der Höhe so kühn entgegengesprungen mit wehendem Schleier und flatternder Gürtelschnur – ein Edelfräulein auf der Falkenjagd, hatte er verwundert gemeint.

Gleich Wegelagerern, in Raub und Überfall geübt, eilten nun auch seine beiden Begleiter – Leonhard Koppe der Jüngere, des Kaufherrn wie ein Sohn gehaltener Neffe, und Wolfgang Dommitzsch, der an Alter zwischen ihnen stand – behende und lautlos zu Hilfe. Und Hilfe tat not. Denn nur mit Mühe vermochten droben die beiden Knaben der Äbtissin, die Verbündeten jenseits der Mauer, eine zweite Klosterfrau zu halten, deren Leib dem starken Entschlusse ihres Geistes, Willens und Gewissens nicht mehr nachzueifern vermochte.

Der ältere Koppe drängte die Nonne Katharina von sich weg dem Wagen zu und trat mit raschen, leisen Schritten zu der zweiten. Er zweifelte nicht, wer sie sei.

„Magdalena von Staupitz?", raunte er ihr zu. Aber sie, erregt und verwirrt, presste nur seine Hände, als bedürfte sie noch immer weiteren Haltes.

„Ja, ich bin Schwester Magdalena", hauchte sie. In den wenigen Worten der Alternden war etwas wundersam Erwachendes, an das die Vergänglichkeit des Leibes nicht zu rühren vermochte.

Abermals tönte verhaltener Knabenruf aus dem Klostergarten herüber. Wolf Dommitzsch stieg der dritten entgegen. So gewandt er sich auch anschickte, obwohl keiner mehr die Geschmeidigkeit der Jugend von ihm fordern konnte, war es doch kein leichtes Werk für ihn. Der Nachttau auf den Feldsteinen und Felsstücken der Mauer ließ seine Füße abgleiten. Wie Liebende zueinander drängen zu gemeinsamer Flucht, klammerten er, der schon väterliche Mann, und die bräutliche Nonne auf dem Grat der Mauer ihre Hände ineinander. Indes begehrten Wolf Dommitzschs Gedanken allein, der eigenen Stieftochter im Kloster Sitzeroda den gleichen Dienst tun zu dürfen.

Schon riss der junge Koppe, der stolzer noch denn zuvor den Namen des Oheims trug, die vierte an sich. Doch begegnete er ihr als ein gar behutsamer, fast scheuer Entführer. Noch immer sah er in der Jungfrau die Geweihte.

Leonhard Koppe, der Alte, wandte sich jäh von der Nonne Magdalena. Worte dringend gebotener Verständigung hatte er mit ihr gewechselt, sobald die Erschöpfte dazu fähig schien. Nur Magdalena von Staupitz vermochte ihm die Bestätigung zu geben, derer er sogleich bedurfte. Es war ihn nämlich Bangigkeit angekommen, dass er bei so gefahrvollem Wagnis allein der Umsicht und Überlegung des Knaben Andreas vertrauen musste und jenseits der Mauern von Marienthron über keinen anderen Berater und Helfer verfügte.

Nichts, was um ihn vorging, entzog sich Herrn Leonhards überwachem Aufmerken! Die fünfte der Schwestern war von dem Wall zwischen Welt und Kloster geglitten und sank mit einem Wehlaut in die Knie; er spürte, als er ihr aufhalf, ihre kindhafte Zartheit. Ihr Leib war vom Fasten verzehrt.

Die ihr folgte, ließ sich nur in verzweifelter, ohnmächtiger Abwehr von dem Jüngling umfangen, der auf so wunderliche Weise Gott zu dienen vermeinte. Eine Seele glaubte er zu retten und nahm auch diesen jungen Leib nicht wahr, der ihm anvertraut war in einem Augenblicke unermesslich schwerer Entscheidung. Angstvoll sah die Fliehende nach droben zurück, ob die Schwester ihr folge, die ihr geistliche und leibliche Schwester zugleich war. Ja, so groß war ihrer beider, der Schwestern von Zeschau, Furcht, dass sie, in den Schutz des Frachtwagens gerettet, einander umklammert hielten. Auf ihnen, ihnen beiden lastete das ungewisse Schicksal, heraufbeschworen durch die Flucht, unter den neun vielleicht am schwersten. Sie, sie beide hatten, was hier in der Osternacht geschah, angebahnt. Als sie die ersten Schreiben und Schriften von ihrem Oheim, dem Augustinerprior zu Grimma, zugesteckt oder zugesandt erhielten, hatten sie die Episteln und Flugblätter nicht vernichtet!

Aber tröstend, ruhig, leise sprach Magdalena von Staupitz, nun völlig gefasst, aus dem Dunkel auf sie ein; auch sie hatte Zuflucht gesucht zwischen dem Fuhrwerk und dem Gehölz am Buchenwald.

„Ich bin die älteste unter euch, Schwester Ave! Trägt eines Schuld, bin ich's!"

Eine andere Ave lehnte sich an sie, des großen Altersunterschiedes zwischen ihnen nicht achtend: Ave Gosse. Aber es geschah nur für den kurzen Augenblick, in dem sie hervorstieß: „Magnus, mein Bruder, ist von den Benediktinern zu Chemnitz entwichen – die Männer aus Torgau haben Kunde von ihm –!"

Katharina von Bora hatte abseits gestanden.

Die letzte der Nonnen, die Herr Leonhard Koppe, der Kaufherr, jetzt fast feierlich herbeiführte trotz der Hast und des Aufruhrs dieser Stunde, fragte in die Nacht hinein: „Schwester Katharina – Katharina von Bora?"

In aller Erregung des heimlichen nächtlichen Aufbruchs blieb ihre Stimme beherrscht. Daran erkannte Katharina von Bora ihre Klosterschwester Elsa, die von Canitz, und ihre überlegene Art. Sie wusste sich selbst und andere zu meistern.

Fest wie jene, so leise sie auch flüsterte, gab Katharina von Bora zurück: „Ich weiß, dass Ihr mich vor den Helfern erforschen müsst."

„Ja, Jungfrau", bekräftigte Herr Leonhard Koppe streng, „denn man hat mir nur von ihrer acht gesagt. Nun sind wir zwölf. Besser schiene es mir, wir wären wie die elf. Der zwölfte war ein Verräter."

*

Seit Schwester Ursula, die Greisin unter den Nonnen von Marienthron, nachts in der Abtei erschienen war und der Ehrwürdigen Mutter, die ihr Kind, ja Kindeskind hätte sein können, die Kunde von den Geschehnissen dieser Nacht brachte, schwieg die Äbtissin. Die alte Klosterfrau drängte um der Antwort willen nicht in die Domina. Die Vierundachtzigjährige handelte wach und klar bedacht. Sie fragte nicht; sie fügte dem, was gesagt war, nichts mehr hinzu. Aber aus ihren Blicken sprach der Wunsch, der Domina beistehen zu dürfen. Doch war ihr in dieser schweren Stunde keine andere Möglichkeit zu helfen und zu trösten gegeben, als schweigend zu verharren und der Äbtissin eine Frist zu lassen, in der sie nicht gezwungen war, zu handeln. Denn die erste Antwort, die sie erteilte, stellte die Domina vor die unausweichliche Notwendigkeit entscheidender Taten.

Ursula Osmund, die greise Zisterzienserin, war sich aber auch bewusst, dass die Spanne Zeit, die sie der Ehrwürdigen Mutter vergönnte, zugleich den geflohenen Schwestern zur Rettung diente. Jeder Herzschlag ihres stummen Harrens trug die neun Jungfrauen weiter hinweg aus den Gefilden des Klosters.

Stumm schritt die Äbtissin auf die Truhe zu, auf der das Velum, der schwarze Schleier der gottgelobten Klosterjungfrau und Ehrwürdigen Mutter, bereit lag für die Stunde, in der sie die Konventualinnen zum Morgengesange führte, die Auferstehungsmette anzustimmen:

„Victimae paschali laudes –."

Aber schon lange bevor das österliche Gotteslob anhob,

griff die Domina nach dem Schleier. Denn sie stand vor der Schwester nur mit dem weißen Gewande bekleidet und aller Zeichen ihrer Würde bar. Die Nonne eilte herbei, sie ihr zu reichen.

„Ihr wollt mir die Hilfeleistung einer Magd gewähren, Schwester Ursula", durchbrach die Äbtissin, sich überwindend, ihr Schweigen, das nicht fromme Übung, sondern Erstarrung gewesen war. Dabei legte sie Schleier, Gürtel und Sandalen an, ohne den Dienst der Greisin anzunehmen. Ihr Haupt war richterlich emporgereckt. Aber ihre Stimme bebte, und ihre von Schatten umdunkelten Augen schienen müde alles Richtens, als sie fortfuhr: „Was hat gerade Euch zu dem nächtlichen Dienste gedrängt? Was habt gerade Ihr mich wachgerufen, wo Euer Alter doch so besonderer Schonung bedarf?"

Alle Unruhe, die sie erfüllte, brach hervor, als sie nach fragendem Stocken sogleich weitersprach, als antworte sie, die Äbtissin, selbst für die Klosterfrau, von der sie die Antwort heischte.

„Ihr wart mir am nächsten, mir die furchtbare Botschaft zu überbringen. Ihr, um Eures ehrwürdigen Alters willen zu hohen Festzeiten zum Ehrenamt der Gastmeisterin auszusehen, waltet auch über die Schlüssel zu den Gastzellen meiner Gemächer und habt leicht zu mir Zutritt."

Jedes Wort zeugte von einem scharfen Durchdenken und Überprüfen der ungewöhnlichen Umstände und tastete sich an die Lösung des Geheimnisses heran. Ihre Fragen, Überlegungen und Mutmaßungen wurden der Äbtissin aber unversehens zu dem Ausdruck angstvoller Sorge um das Seelenheil der ihr anvertrauten greisen Schwester.

„Ihr wart die nächste, Schwester Ursula: das hat Euch zur Botin werden lassen", beharrte sie und verriet gerade damit, wie sie alle Gewissheit und Sicherheit wanken und schwinden fühlte.

„Ehrwürdige Mutter, nicht nur, was Ihr bedenkt, hat mich zu Euch geführt", gab die Vierundachtzigjährige fest zur Antwort, wo die Äbtissin ihr Auskunft und Bescheid zu ersparen trachtete. Die Greisin verantwortete sich in einer Ruhe, die kein Beben der Stimme aufkommen ließ, obwohl ihr Alter es glaubhaft gemacht hätte, dass ihre Rede unsicher und zitternd ging. Hart gegen sich selbst, nahm Ursula Osmund noch einmal die Worte der Domina auf.

„Ich, die Gastmeisterin, walte über die Schlüssel zu den Gastzellen in Euren Gemächern, Ehrwürdige Mutter. Ich habe in dieser hochheiligen Zeit, in der viele Gäste, Pilgrime und Fremde die stille Einkehr in unserem Kloster suchen, die Schlüssel auch zu den Zellen des Dormitoriums in Händen. Wer wollte es mir weigern, als ich den Schlüssel auch zur Pforte erbat, um statt der Pförtnerin den ersten Gast des Ostermorgens am Gartentor zu empfangen?"

Die Greisin sank in die Knie. Sie küsste den Rosenkranz am Gürtel der Äbtissin. „Ehrwürdige Mutter, es drängte mich zu Euch, mich Eurem Gericht zu unterwerfen. Schont der Schwester Pförtnerin! Ich, ich habe an Euch gefrevelt und muss Euch noch zur Stunde meiner Missetat von dem Frevel wissen lassen, damit nicht Friede und Heiligkeit des Ostermorgens entweiht und zerstört werde, wenn das Morgenlicht enthüllen muss, was geschah."

„Nicht an mir", sagte die Äbtissin tonlos und wiederholte es noch einmal, „nicht an mir, Schwester Ursula, habt Ihr Verrat geübt."

Sie suchte das Gesicht der Alten aufzuheben, die Nonne küsste nach der Perlenschnur des Rosenkranzes auch den Saum des weißen Gewandes.

Als sie nach der tiefen Beugung wieder zu der Domina aufsah, leuchtete ihr zerfurchtes, welkes Antlitz.

„Ehrwürdige Mutter, ich habe dem himmlischen Bräutigam die klugen Jungfrauen entgegenführen dürfen. Doch an Euch bin ich schuldig geworden, und diese Schuld mag ich ungesühnt nicht in mein nahes Grab mitnehmen."

Die Äbtissin goss Öl auf die Lampe.

Die Osternacht sollte in einem Gespräch verbracht sein, vor dem ihr bangte. Das feierliche Sabbatschweigen war furchtbar durchbrochen. Als verlange der schwere Ernst dieser Stunde nach einem sichtbaren Zeichen, griff sie zum Kreuzstab und zum Messbuch. Den Stab, dessen kreuzförmiger Griff den aus Holz geschnitzten Leichnam des Herrn trug, hielt die Domina in der gesenkten Rechten. Das Missale umschloss sie mit der zum Herzen aufgehobenen Linken. Als sei es wie der Herrenleib aus Holz geschnitten, war ihr Antlitz: unbewegt und voll regungslosen Leidens; umwunden von den weißen Schleiern und Tüchern ihrer Würde, die es in starren Falten umstanden. Ihr Mund, dessen Lippen man kaum mehr wahrnahm, glich nur noch den frühen Runen und Falten ihres Gesichts. Die großen, dunklen Augen waren von der schuldigen Nonne hinweg auf das Betpult gerichtet, als sei dort der Ort, von dem ihrem Herzen Halt und Stille und ihrem Geiste Erkenntnis zu kommen vermöchte. Es war, als gingen ihre Blicke – Blicke voller Trauer und Würde – über eine Schar von Büßerinnen hinweg, die unsichtbar neben der greisen Klosterfrau knieten.

„So wollt Ihr mir Rede und Antwort stehen, Schwester Ursula?"

In jedem Worte der Domina bebte die Schwere der Überwindung nach. Als sie es am heißesten begehrte, war Schweigen und Beten ihr, die beides von ihren Konventualinnen täglich und nächtlich fordern musste, nicht vergönnt.

„Ich will Euch im Empfangen meiner Strafe bis ins Letzte gehorchen, Ehrwürdige Mutter", gelobte die Greisin. Sie sprach es hauchend, doch stark.

Die Domina schwieg von der Strafe.

„Ihr wisst das Ziel?" Dies war die erste Frage der Äbtissin.

„Das Ziel?" Die Nonne blickte lange zu ihr auf. „Der himmlische Bräutigam, Ehrwürdige Mutter!"

„Mir scheint der Weg zu ihm gar irdisch gewählt."

Die Worte der Domina klangen bitter und schwermutsvoll.

„Auf welchem Erdenpfad der Bräutigam die Jungfrauen in dieser Nacht sich jenseits des Klostertürleins entgegenführen lässt, Ehrwürdige Mutter, blieb mir verborgen."

In der Wechselrede der beiden Klosterfrauen schwang etwas von dem Klange der Responsorien nach.

Es waren aber auch Augenblicke, in denen das Richterliche in den Worten der Äbtissin das Priesterliche verdrängte; so, als sie sagte: „Ihr wart sehr klug. Ihr habt Euch nur in die Vorbereitungen der Flucht einweihen lassen, damit Euch keiner ein Geheimnis entreißen könne, dessen Preisgabe den Flüchtigen Gefahr zu bringen vermöchte. Ja, Ihr habt die außerordentliche Zeit, in der die Schwestern sich zu den Ostervigilien der Auferstehungnacht rüsten und die Regeln und Ordnungen, auch die sonstigen Tages- und Nachtzeiten aufgehoben sind, als günstig erkannt für einen Plan, der in keiner anderen Nacht des Jahres durchführbar war! Es war alles wohl von Euch bedacht! Wahrlich, Ihr seid eine kluge Jungfrau –." Die Domina erhob die Stimme, aber es war mehr ein Ausdruck der Ergriffenheit als der Erregung. „Was, Schwester Ursula, hat Euch getrieben, die Weisheit des Alters zur List zu entwürdigen?"

Aber die letzten Worte sollten schon wieder leise verhauchen. Aus den Augen der Greisin, die ihnen lauschte, fielen Tränen in die weißen Tücher, von denen sie meinte, sie würden sie bald als Totenleinwand umhüllen.

„Ehrwürdige Mutter", sprach sie voller Demut, und die Äbtissin erkannte ihre Tränen als Tränen des Mitleids, nicht der Reue, „ich habe Geschlechter von Klosterjungfrauen, adolescentes virgines und virgines religiosae, zarte Jugend, edle Reife, geprüftes und bewährtes Alter sich aufreiben sehen unter der Last unerfüllbarer Gelübde, die auch ich für unentrinnbare Befehle hielt, unübertretbar und unüberschreitbar wie die Klostermauern selbst."

Einen Augenblick begegneten die Blicke der Domina und der Virgo einander; und als die Äbtissin ihre Augen wieder auf das Betpult heftete, waren sie von Tränen umflort. Die wie in einer inneren, schweren Anstrengung hochgezogenen Brauen zuckten; die Starrheit ihrer Züge wich. Doch die Lippen blieben zusammengepresst.

„Dann", bekannte ihr die Greisin, „kam Gottes Wort in die Mauern, die wunde Seelen gefangen hielten, und rüttelte und riss an den Steinen –."

„Ihr vergesst Euch." Die Äbtissin hob den Kreuzstab um ein Geringes. „Ihr, Ihr habt die Klosterpforte geöffnet. Ich frage nicht mehr: Warum? Ich frage: Wem?"

War's eine Litanei? So feierlich sprach Ursula Osmund die Namen aus; mit jedem Namen, den ihre Lippen bildeten, sandte ja auch ihr Herz ein Gebet empor für seine Trägerin. Sie nannte die entwichenen Klosterjungfrauen nicht mehr mit dem bloßen Schwesternnamen, sondern wieder mit dem vollen Namen ihrer Herkunft und ihres Geschlechtes. So völlig sah sie jene alle an die Welt zurückgegeben. Aber nach klösterlichem Brauch zählte sie die geflohenen Nonnen nicht nach ihrem Lebensalter, sondern nach dem Jahre ihres Eintritts in das Kloster auf, wie ihnen ja bis zu dieser Nacht nur die im Kloster geweilte Zeit galt und ihre Erdenjahre nicht zählten. Unauslöschlich hatte sich der Vierundachtzigjährigen eingeprägt, wie jene einst kamen, die nun gegangen waren, indes sie selbst sie alle überdauerte.

„Magdalena von Staupitz –", begann sie die Namen aneinanderzureihen, seltsam getragen und singend, „Elsa von Canitz – Lonatha von Golis – Ave Gosse – Veronika und Margarete von Zeschau –."

Die Domina – es war ihr unbewusst – setzte den Kreuzstab hart auf. Aber es geschah mehr so, wie wenn sie einen Halt suche, denn dass es sich als ein Zeichen des Staunens oder gar eines Unwillens deuten ließ.

„Margarete von Schönfeld – Ave von Schönfeld –", ging der wunderliche Abgesang der Nonnennamen weiter. Dann stockte die Greisin. Eine Unsicherheit kam über sie. „Eine trat hinzu", bekannte sie der Domina, „von der keiner wusste: Katharina von Bora."

„Zarte Jugend, edle Reife, geprüftes und bewährtes Alter –" die Äbtissin sprach es bitter nach – „und endlich das eigene Fleisch und Blut: Katharina von Bora –."

Doch überwog der Schmerz in ihrer Stimme die Bitterkeit der Worte. Ihres hohen Amtes immer eingedenk, sammelte und beherrschte sie sich sofort. Regungslos und hoheitsvoll stand die Domina in der Mitte des steilen Kreuzgewölbes. Sie gestattete sich nicht, auf und nieder schreitend ihrer Erregung nachzugeben. Zum dritten Mal war der Äbtissin von Marienthron aufgetragen, Gericht zu halten. Aber was einst das Kloster mit Unruhe erfüllt hatte, dünkte sie nun beinahe geringfügig.

Einundeinhalbes Jahrzehnt war es her, dass nach dem Tode der alten Äbtissin Katharina von Schönberg der Konvent von Marienthron sie, Margarete von Haubitz, erwählte und der Abt von Pforta, Balthasar, sie in ihr Amt und ihre geistliche Gewalt einführte. Keine Ehrung, keine Feierlichkeit war ihr versagt worden. Und dennoch musste der Abt von Pforta ein Misstrauen gegen sie gehegt haben. Zweimal in drei Jahren war er, ihr geistliches Oberhaupt, wiedergekommen weit vor der Zeit, die für seine Visitation angesetzt war, und hatte seltsame Klage und Warnung erhoben. Es seien fremde Gesänge in dem Kloster aufgekommen, und es werde gegen die strenge und klare und für alle Zeiten gültige Regel des heiligen Vater Bernhard zu schnell und ungleich gesungen. Er habe vernommen, wie auf dem Nonnenchörlein von Marienthron unvermittelt bald alle, bald wenige Stimmen einfielen. Wehe, wehe, wenn die Form im Geringsten zerbräche! Rund, eine Silbe wie die andere, müsse gesungen werden, einhellig und mit gleicher Stimme, nicht zu hoch und nicht zu tief. Nur solche Gesänge dürften angestimmt werden, die von den Zisterziensern in ihr Missale aufgenommen seien.

Der Abt von Pforta pries, nachdem er des Gesanges so in allen Stücken gedacht hatte, das klösterliche Stillschweigen als den Schlüssel der Religion. Er warnte, es zu brechen; denn die Ungehorsamen würden hienieden vor dem Beichtstuhl des Priesters und dereinst vor Gottes Richterstuhl Rechenschaft ablegen müssen über jedes müßige Wort. Vielmehr sollten die Klosterjungfrauen außerhalb der vorgeschriebenen Gebetszeiten und Lektionen in besonderen Gebeten mit dem Bräutigam Christus Zwiesprache halten oder in Beschaulichkeit schweigend hören, was Gott mit ihnen rede.

Der Äbtissin und der Priorin von Marienthron rief der Abt von Pforta ihre Verantwortlichkeit ins Gewissen. Den älteren Schwestern legte er ihre Pflichten gegen die jüngeren ans Herz. Alle aber ermahnte er, der Welt völlig abzusterben und nur noch ihrem himmlischen Bräutigam zu leben.

Und was er sagte, ließ er aufzeichnen: und nach dem Willen des Abtes sollte es viermal des Jahres verlesen und den Nonnen Punkt für Punkt von der Äbtissin oder Priorin erläutert werden. Über die Äbtissin, sie, die nun über eine Greisin richten sollte, war damals ein heimliches Gericht ergangen. Dessen gedachte sie, als die Vierundachtzigjährige in der Osternacht des Richterspruches aus ihrem Munde harrte.

Nicht dem Urteil, nicht der Strafe über die Schuldige grübelte die Domina von Marienthron nach, als sie so lange schweigend vor der Greisin stand. Sich selber nahm sie ins Gericht. Die Fragen an die Schwester, die gefrevelt hatte, gefrevelt über alles Begreifbare hinaus, verstummten vor den bangen Zweifeln, die der Äbtissin an sich selbst kamen.

Worin hatte sie gefehlt, woran sich vergangen?

Der Kreuzstab in der Rechten der Domina bebte.

Ihr Leib erschauerte. Aber sie spürte nicht die Kühle der Frühlingsnacht, die durch die hohe Halle wehte und den Lichtschein ihrer Lampe unstet flackern ließ. Nur wie aus einer weiten Feme vernahm sie, dass die greise Schwester, zum zweiten Male niederkniend, betete.

Sie selber betete nicht.

Sie erforschte ihr Herz, und alle Frage verwandelte sich in Anklage.

Spät, zu spät begriff sie, worum Abt Balthasar von der Pforte bangte, als er das Ebenmaß klösterlichen Gesanges wie der obersten Tugenden eine forderte, und warum er künftige Todsünde ahnte, wo eine Silbe der Regel zuwider gesungen ward!

Im Kloster Freiberg hatten Nonnen dem Salve Regina im Chorgesang andere Worte unterlegt, Worte des Wittenbergers, die sie das neue Gotteswort nannten, wie es vordem Himmelsbräute und Klosterfrauen auf Erden noch nicht besessen hätten. Es drängten sich in ihre Hymnen Worte der Heiligen Schrift, nicht wie die Väter der Kirche sie seit Jahrhunderten überlieferten und verwahrten in ihrer geweihten, lateinischen Sprache, sondern in der Sprache des Landes, wie sie der Ketzer von Wittenberg auf dem Markt im Volke verschleuderte.

Abt Balthasar rügte zu Recht! Die klösterliche Ordnung zerfiel! Ach, hätte er strenger gemahnt! Es war zu wenig gewesen, rief die Äbtissin sich im Geist entgegen, dass sie nach dem Ordensgebot in den Nonnen durch die Klosterregel und Klosterzucht alle „Eigenschaft" so völlig auszulöschen trachtete, wie die leibliche Verschiedenheit aufgehoben war durch die eine, gleiche, weiße, bräutliche Tracht unter schwarzem Schleier.

Es hatte nicht genügt, dass sie den Klosterjungfrauen nicht gewährte, Freundschaft untereinander zu halten, sonderte doch die Freundschaft Einzelne ab; und sich sondern hieß sündigen. Es war nur ein Leib und ein Herr dieses Leibes.

Was half es, dass sogar der Chor der Nonnen von der vorderen Kirche durch dicht vergitterte Schranken abgetrennt wurde? Was konnte es vor Schuld retten, dass in Refektorium und Dormitorium jedes Wort unter Strafe stand? Zu schwach, zu milde, zu lässig war solche Strenge. Denn an besonderen Tagen blieben den Schwestern Festmahlzeiten und Ergötzlichkeiten gewährt. Untereinander durften die Schwestern in Liebe und Eintracht zuweilen auch ihre Kurzweil haben. Und unter dem Scheine so unschuldigen, fröhlichen Scherzens hatten die Klosterjungfrauen Verrat vorbereitet!

O hätte sie, die als Domina dazu bestellt war, über jeder Stunde gewacht! Was galt es nun, dass nach der weisen Regel von Marienthron der Tag von der Frühmesse bis zur Complet, der letzten Andacht vor der Nachtruhe, erfüllt war von Andachten, Gebeten, Gesängen, geistlichen Betrachtungen und frommen Übungen? Was war es wert, dass die Gebete der Einzelnen abgelöst wurden von den sieben gemeinsamen Gebetszeiten, den Horen mit ihren Psalmen, Martyrologien und Ordenssatzungen? Was wollte es bedeuten, dass selbst während des Mahles aus den Erbauungsbüchern der Väter und Heiligen vorgelesen wurde? Waren nicht die Worte der Klosterregel ungehört über den langen, schweigsamen Tischen des Refektoriums verklungen?

„Alle Klausur und geistliche Leute sind erdacht und gemacht, dass sie unserm Herrn und Gott dienen und für Tote und Lebende und alle Gebresthaften bitten –." Solche Worte hatten ihren Wert verloren? Mahnte und lockte das

Wort des heiligen Bernardus vergeblich: „In einem geistlichen Ordensstand lebet der Mensch reiner, fällt nicht so oft, stehet geschwinder auf von dem Fall; er wandelt behutsamer und öfters von himmlischem Trost begossen, ruhet in größerer Sicherheit, stirbt mit größerer Zuversicht; wird geschwinder gereinigt und endlich häufiger belohnt"?

„Als Ihr sie verzagt seht am himmlischen Trost, nicht ruhend in größerer Sicherheit, nicht geschwinder gereinigt und häufiger belohnt, Ehrwürdige Mutter, da ist Euer Herz vor Mitleid gebrochen."

Die Nonne Ursula hatte sich von dem Gestein, darauf sie kniete, erhoben. Sie antwortete den Gedanken der Äbtissin.

Die schrak zusammen. Sie wusste nicht, dass sie des heiligen Vaters Bernhard Lobpreis des klösterlichen Lebens leise vor sich hingesprochen hatte und ihre Gedanken nicht mehr nur in ihrem Herzen bewegte.

Ihr war verwehrt, auch nur der Anklage und Bezichtigung ihrer selbst Raum zu geben. Sie hatte die Ordnung aufrechtzuerhalten, wo alles schwankte. Wahrlich: alles!

Neue Versäumnis stand ihr vor Augen.

Der heilige Morgen war nahe.

In der Messe des Ostermorgens, wenn die neun Nonnen sich der Schar der Schwestern nicht mehr einreihten, musste der Frevel dieser Nacht allen offenbar werden und arge Verwirrung hervorrufen. Noch in der Nacht, da Jesu Leichnam ruhte, waren die Seniorinnen des Konvents zu versammeln. Die Domina drängte Ursula, die älteste unter ihnen, die Lampe zu ergreifen und jene zusammenzurufen, die ihr an Würde am nächsten standen. Es musste eilig Rat gehalten werden, was dem Konvent zu eröffnen und was ihm zu verbergen, ja für immer zu verschweigen sei.

Die Äbtissin blieb im Finstern zurück. Erloschenen Ausdrucks, als weiche das Licht auch aus ihr, sah sie dem schwindenden Lichtschein nach. Im wehenden Flackern, im Fluge der Schatten war es ihr, als stürzten lautlos die Pfeiler, an denen die Greisin vorüberschritt, ins Gewölbe.

Ursula Osmund hielt traurige Wanderschaft durchs Dormitorium. Die greise Gastmeisterin sprach zu seltsamer Stunde wunderliche Einladung aus. Ein ratloses Häuflein Klosterfrauen sammelte sie um sich, gebot ihnen Schweigen und hieß sie, ihre Lampen zu nehmen und ihr zu folgen.

Die Flammenschalen in Händen traten die zwölf ins finstere Gemach der Domina. Erregung, Müdigkeit und Furcht standen in aller Augen und Antlitz. Denn in dem Kloster, gestiftet zur Ehre und zum Dienste Gottes und seiner geheiligten, jungfräulichen Mutter, geschah es seit Menschengedenken zum ersten Mal, dass das Gleichmaß des Lebens, das von Singen, Beten und Schweigen sowie der Pflege der Reliquien bestimmt war, so erschreckend durchbrochen wurde. Im Halbkreis umreihten die dunkel Verschleierten die Ehrwürdige Mutter und stellten ihre Lampen nieder, dass es wie ein Gestirn aus dem Grund der dunklen Steine zu ihren Füßen aufschimmerte.

Die Äbtissin, indes ihre Brauen abermals zuckten wie von mühsam unterdrücktem Schmerz und verhaltenem Weinen, blickte von der einen zur anderen. Der Worte war sie noch nicht mächtig. Mit banger, stummer Frage blieb sie an dem Gesicht jeder Einzelnen haften.

Die Priorin war erschienen, die der Äbtissin Gehilfin und Stellvertreterin war; die Subpriorin, die den Konvent vor ihr vertrat, hatte diese begleitet. Die Kellnerin, die des klösterlichen Hauswesens wartete, und die Säckelmeisterin und Bursarin, die der Ehrwürdigen Mutter Rechenschaft schuldig war über die ledernen Münzbörsen und die hölzernen Laden der Klosterzahltische, hatten sich eingefunden. Es fehlten nicht die Küsterin, die Schulmeisterin, die Sang- und Kapellenmeisterin. Und auch die Pförtnerin und die Siechenmeisterin waren nicht ferngeblieben. Diese alle hatte Ursula Osmund, die Gastmeisterin, die älteste unter ihnen allen, herbeigeführt.

Wie Schwester Ursula der Domina die geflohenen Nonnen mit ihren weltlichen Namen bezeichnet hatte, so nahm auch die Äbtissin dieses Mal die Seniorinnen nicht wahr unter den geheiligten Namen, die sie als Bräute Jesu Christi trugen. Jäh wurde sie sich der weltlichen Herkunft jeglicher Virgo religiosa bewusst; und sie erschrak darüber. Die „Eigenschaft" war nicht mehr ausgelöscht, wie die Ordensregel es forderte. Plötzlich entsann sich die Ehrwürdige Mutter, wie ja alle ihre geistlichen Töchter, Geschlecht um Geschlecht, von den gleichen Herrensitzen rings um das Kloster Nimbschen herkamen, von den Landgütern um Torgau, um Leipzig und Wurzen und Leisnig. Alle entstammten sie dem Adel aus dem kurfürstlichen und herzoglichen Sachsen und waren in dem engen Umkreis des Klosters vielfach miteinander verwandt oder gar leibliche Schwestern. Die irdische Verflochtenheit der gottgelobten Jungfrauen bedrängte die Äbtissin Margarete von Haubitz, die sächsische Edelfrau. Zwei ihres eigenen Namens und Geschlechtes wusste sie unter den namenlosen Virgines und nun gar unter den Geflohenen ihrer Base Kind, Katharina von Bora.

Die Siechenmeisterin, Schwester Magdalena, – war nicht auch sie einst ein edles Fräulein von Bora gewesen und Katharina ihres Bruders Jan von Bora Tochter? Welche Schatten sollten nun auf deren gottgeweihtes Alter fallen! Und Metze von Schönfeld, die Priorin, – wie würde sie es ertragen, von der Flucht und Unbotmäßigkeit der Schönfeldischen Schwestern Margarete und Ave, ihren Nichten, zu hören?

Hart kam es der Äbtissin an, dass sie die Entwichenen nie mehr mit dem Namen einer Himmelsbraut und geistlichen Tochter und Schwester würde nennen dürfen. Die Namen der Weltkinder musste sie ihren Lippen wieder abringen: die Namen, die für alle Erdenzeit ausgelöscht sein sollten, weil sie in das Buch des Lebens eingeschrieben waren!

Aber die Seite des ewigen Buches, auf der die Namen dieser neun verzeichnet standen, war von den Frevlerinnen herausgerissen. Erde und Himmel erbebten in der Osternacht von solcher Missetat, die dem Himmel entwand, was schon sein Eigen hieß.

Als sie vernahm, dass Margarete und Ave von Schönfeld unter den Entwichenen und Abtrünnigen sich befänden, schloss Metze von Schönfeld, die Priorin, ihre Hände ineinander. Sie sprach, dabei den Blick nicht von der Domina wendend, ein stummes Gebet. Danach war sie die erste, die in irdischer Klugheit die Vorkommnisse und ihre Verknüpfungen überdachte. Vielleicht bestätigte in den Augen mancher Schwester ihr Verhalten Abt Balthasars Meinung, dass die Ordnungen des Klosters Marienthron besser der Priorin zur Aufsicht und Obhut anvertraut wären.

Balthasar hatte des Öfteren Bedenken laut werden lassen, der unterschiedliche Wohlstand der adligen Klosterfrauen sei wohl sehr zu Unrecht nicht ohne Einfluss auf ihre amtliche Stellung. Man könne es doch wahrlich keinen Zufall nennen, dass die mit dem reichsten Leibgedinge ins Kloster Eingetretene zur Domina gewählt worden sei. Auch pflegte der Abt in allen seinen Dekreten stets der Vertretung der Äbtissin durch die Priorin zu gedenken. So geschah es recht im Sinne des Vaters Balthasar, dass die Priorin Metze von Schönfeld ihre Stimme erhob und ihre Meinung zu äußern begehrte. Der Domina entging es nicht, dass dies nicht geschah, als die Namen Margarete und Ave von Schönfeld fielen, sondern in dem Augenblick, in dem sie der Schwestern Veronika und Margarete von Zeschau, gerade dieser beiden, Erwähnung tat.

Unter den klaren und ihres Zieles gewissen Worten der Priorin wandelte sich die Schar übernächtiger, fröstelnder, verwirrter und verängstigter Klosterfrauen in den Rat der Ältesten eines kleinen Staatswesens von edlen und frommen Frauen, das in allen Dingen sich selbst regierte nach der Regel, auf die sie eingeschworen waren. Diesem nächtlich versammelten Konsilium war es verbrieft, dass die Ehrwürdige Mutter seine Meinung bei allen Vorfällen und in jedem Stücke einzuholen gebunden sei. Dann erst war den Befehlen, Strafen und Entscheidungen der Domina von den Seniorinnen des Konventes mit wortlosem und unbedingtem Gehorsam nachzukommen.

Nun verhielt es sich aber so, dass nicht nur Abt Balthasar von Pforta der Klugheit Metze von Schönfelds vertraute. Vielmehr tat es vor allem die Ehrwürdige Mutter selbst, zumal die Priorin sich durch den Abt niemals hatte verleiten lassen, Anspruch zu erheben auch nur auf das Geringste, das nicht ihres Amtes war. Entschieden, in aller Ehrerbietung, lehnte Metze von Schönfeld jeden versteckten Vorwurf ab, den der Abt gegen die Äbtissin erhob; und die beiden Frauen übten ihr geistliches, mütterliches und schwesterliches Amt in gegenseitiger Achtung und völliger Eintracht.

In dieser schweren Stunde maß die Domina der Meinung der Priorin umso größeres Gewicht bei, als ja auch sie selbst ein Schrecken überfallen hatte, seit sie von der greisen Nonne Ursula Osmund vernahm, dass die Schwestern von Zeschau sich unter den Abtrünnigen befänden.

Als sie spürte, dass nun ein Anfang des Ratens und Planens möglich sei, wies die Äbtissin den Seniorinnen mit stummer Geste die Schemel, die an den Pfeilern verteilt

standen; an jedem der roten, steinernen Pfeiler ein Schemel. Der Halbkreis der Frauen trat auseinander, und jede
schritt zu ihrem Ort. Die Domina blieb aufrecht stehen
und bat die Priorin als ihre liebe Schwester und Preilin,
sich ihres Armstuhls zu bedienen. Doch lehnte Metze von
Schönfeld dies ehrfurchtsvoll ab; jeglicher Ordnung gedachte sie bis ins Kleinste Genüge zu tun; aber sie nahm
mit Freude wahr, dass die Ehrwürdige Mutter sie mit der
vertraulichen Anrede Preilin statt Priorin bedachte.

Äbtissin und Priorin in ihren weiten, weißen Gewändern
standen allein, umstrahlt von dem Gestirn der verlasse-
nen Lampen auf dem Steinboden. Ehrerbietig neigten
sich die beiden Oberen voreinander, und ihre Schatten
waren wie die großen, starken Fittiche nächtlicher Engel
über ihnen.

Ihrem Range folgend, hatten sich die anderen Klosterfrauen auf den flachen, schweren Schemeln nacheinan-
der niedergelassen. Doch erhob sich die Gastmeisterin,
Ursula Osmund, noch einmal. Ein Aufschluchzen hatte
die Stille durchbrochen. Die Greisin zweifelte nicht, wer
da weinte; sie schritt zur Schwester Pförtnerin. Mit trös-
tender Gebärde, doch wortlos, umfing sie die, an der sie
schuldig geworden war.

Als die Äbtissin Margarete von Haubitz und die Priorin
Metze von Schönfeld anhoben, zueinander zu sprechen,
ward der Pförtnerin, die eine furchtbare Anklage erwar-
tete, keine Erwähnung getan. Die Domina schwieg aber
auch über die Geheimnisse der greisen Gastmeisterin,
die ihr allein anvertraut waren.

Ursula Osmund beugte sich der Entscheidung auch, als die Domina noch Ungewissheit über sie verhängte.

Die Äbtissin gab lediglich Kunde davon, dass neun Schwestern, die sie namentlich bezeichnete, durch die Gartenpforte der Klausur entwichen seien, ohne dass sich der Schwester Pförtnerin eine Schuld nachweisen ließe. Es sei ein Geständnis erfolgt, das sie bei sich bewahren möchte, bis die Büßerin es in der heiligen Beichte vor Gott brächte. Die Pförtnerin bekreuzte sich stumm.

Es müsse, legte nun, von der Domina aufgefordert, die Priorin ihre Meinung dar, den Schwestern, die sich von ihnen für Zeit und Ewigkeit trennten, Beistand von außen, wahrlich aus der argen Welt, gekommen sein. Anders möchten sie wohl heil- und ratlos durch die Osternacht irren.

Sie hüte sich zwar davor, einer der Schuldigen mehr Urheberschaft an dem Vorgefallenen zuzumessen als den anderen. Doch würde keine der Seniorinnen es missdeuten, wenn sie den Gedanken äußere, dass als Helfer außerhalb der Mauern des Klosters niemand näher gewesen könne als Wolfgang von Zeschau, ehedem Prior des Klosters der Augustinerbrüder zu Grimma. Es habe sie, bekannte Metze von Schönfeld, Zweifel und Sorge befallen, als sie vernahm, dass der Prior von Grimma mit der Hälfte der Ordensbrüder sein Kloster verließ; habe er doch bis dahin um seiner geistlichen Würde willen ohne Verdacht und Beschränkung mit seinen Muhmen Veronika und Margarete von Zeschau, den Klosterjungfrauen von Marienthron, väterlichen Umgang pflegen können.

Jeder Obere eines Klosters – Abt, Äbtissin oder Priorin – hätte es wohl weit von sich gewiesen, Aufsicht heischend den Gesprächen beizuwohnen, die der hochwürdige Prior von Grimma mit den Himmelsbräuten, seinen Muhmen, führte. Ihm sei nicht, wie sonst allen Laien und Geistlichen, das innere Kloster verschlossen geblieben. Wohl sei das Schnitzwerk des hölzernen Gitters, das beim Colloquium die Nonnen von den Gästen trenne und keine Nähe mehr dulde als die der Blicke und Worte, ein gar zu dichtes Gerank, als dass Hände sich grüßend berühren könnten oder dass es gar möglich wäre, eine Gabe hindurchzureichen. Ein dünnes Blättlein Pergament jedoch habe vielleicht im hölzernen Blütengewirr wie der Stiel einer Blume wohl einmal stecken können. Davon aber habe in diesen unruhigen Zeitläufen auch manche Klosterfrau, wenngleich der Gottesfriede von Marienthron sie bergend umgab, doch einige Kenntnis, dass solches Blatt einer Schrift junge Gemüter in großen Aufruhr zu setzen imstande sei, sofern es bedeckt wäre mit Sätzen der neuen Wittenbergischen Lehre.

Es komme sie hart an, schloss Metze von Schönfeld seufzend, jedoch sogleich sich wieder zur Festigkeit zwingend, dass sie Vermutung und Verdacht aussprechen müsse. Jedoch entbinde keine Macht des Himmels und der Erde sie alle, die sie hier zu ungewohnter Stunde vor dem Anbruch eines heiligen Festes zum Rat versammelt seien, von der lastenden Pflicht, die Umstände zu bedenken, unter denen der Frevel der neun habe geschehen können.

„Ehrwürdige Mutter! Würdige und liebe Preilin!" So mit ihrer Rede beginnend, erhob sich die Siechenmeisterin, Magdalena von Bora, obwohl sie an Rang die Siebente unter den Seniorinnen war. Sie trat aus dem Schatten des Pfeilers, der sie ganz bedeckte, einen Schritt hervor, so dass ein Lichtschein aus flackernder Schale auf ihr Antlitz fiel. Es leuchtete in Ernst und Milde auf.

„Liebe Oberen", wiederholte sie noch einmal, als müsse sie sich noch sammeln, „schwer ist es, alledem nachzugrübeln. Denn nicht nur junge Virgines habt Ihr, Ehrwürdige Mutter, unter den Entflohenen erwähnt. Zählt Magdalena von Staupitz doch kaum weniger Jahre als ich selbst; und doch hat sie gehandelt wie die Schwestern von Zeschau, die man nun in der Welt zwei junge Mägdlein nennen mag. Wollt auch bedenken, dass Schwester Magdalena des Abtes von Sankt Peter zu Salzburg, Herrn Johann von Staupitz, leibliche Schwester ist, uns allen als weise bekannt und einer jeden von uns sehr lieb und wert. Auch hat unter den neun Katharina von Bora unser Kloster verlassen; und würde wohl, wie die Welt die irdischen Jahre zählt, eine reife Frau heißen. Nicht davon will ich reden, meine Oberen und Schwestern, dass eigener Schmerz mir Rat und Urteil bitter schwer macht, nun ich um mein Bruderkind Katharina traure und zage. Schneidet doch Euch, Ehrwürdige Mutter, und Euch, hochwürdige Preilin, wie mir das Leid das Herz entzwei, dass geistliche Schwestern, die zugleich von unserem Fleisch und Blut waren, von uns gingen. Von alledem lasst uns schweigen und verschließt Euch meiner Bitte nicht: Der Auferstehungsmorgen unseres Herrn und Heilandes möge nicht anbrechen über so schwierigem und bitterem Raten und Richten! Lasst, was mich selbst angeht, nicht Schuld auf Schuld gehäuft werden. Meiner harren zwei Schwestern in grimmem Fieber. Nicht aus friedevollem Schlaf, – aus bangem Wachen habt Ihr mich gerufen und hergeholt aus kummervoller Wanderschaft von Krankenzelle zu Krankenzelle."

„Euch ist gewährt, dass Ihr uns verlasst", antwortete die Domina der Siechenmeisterin. Und als diese grüßend zu ihr trat, fragte sie die Wärterin der Klosterkranken noch freundlich nach denen, die ihrer helfenden und betenden Obhut befohlen waren. Sie fügte aber auch noch leise hinzu, ob die Schwester Siechenmeisterin es fasse, dass ihrer beider Anverwandte, Katharina von Bora, zu den neun zähle. War sie nicht von solchem Ernst und Eifer vor Gott und den Heiligen, den Oberen und Schwestern von Jugend auf, dass sie einst als junge Novize darum flehte, der Tag ihres Gelübdes möge noch um ein Jahr ferner gerückt werden, damit sie ihr Gewissen noch strenger zu erforschen vermöge? Und als das Jahr ihr zugestanden und in löblichem Wandel von ihr verbracht war, sprach sie die gleiche Bitte abermals aus, obwohl ihr alle Oberen und Älteren bezeugten, dass sie des Schleiers der Himmelsbraut würdig sei vor vielen anderen. Solchen Trost, der leicht Hochmut zur Folge hätte haben können, durfte man ihr nicht versagen. Aber Katharina von Bora wartete ein zweites Jahr, bis sie Kranz und Schleier annahm.

Ob sie sich dessen erinnere, drang die Äbtissin in die Siechenmeisterin; ihr selbst hatte sich solche Glut und Strenge darum so fest eingeprägt, weil Katharina von Bora einst die erste virgo adolescens gewesen war, die sie, eben zur Äbtissin gewählt, von der Hand ihres Vaters zugeführt bekam, damit sie das Mägdelein in das größere Vaterhaus leite. Wie sollte sich Magdalena von Bora nicht gleich ihr daran entsinnen.

„Keine ist heißer im Gebet gewesen als sie", bestätigte und bekräftigte sie, „dies eben, Ehrwürdige Mutter, ist es, was all unser Forschen und Wägen so schwer und die Begebenheiten dieser Nacht so undurchdringlich macht!"

Nun meinte die Äbtissin nach dem Weggang der Siechenmeisterin, es würde jetzt die eine oder andere der Seniorinnen das Wort verlangen. Aber die Klosterfrauen blieben stumm, und erst nach langem Schweigen gab die Kapellen- und Sangmeisterin zu bedenken, ob nicht viel Wahrheit in den Worten der Siechenmeisterin gelegen habe, man dürfe den Auferstehungsmorgen nicht anbrechen lassen über so kummervollem und an Zweifeln reichem Konsilium. Den Lippen, die über zwei Stunden das Osterlob anstimmen sollten, möge Schweigen vergönnt sein. Zu leicht dränge sich sonst menschliche Verdächtigung auf sie und entweihe sie zu dem hohen Dienst der Osterfrühe. Prüfend sah die Domina auf, ob eine andere der Ältesten aufstünde, ihre Meinung kundzutun. Aber alle verharrten sie wortlos.

Da entließ die Ehrwürdige Mutter den Rat der Schwestern. Die weißen Frauen nahmen ihre Lampen von der

Erde auf und schritten still hinaus. Wie sie im dunklen Klostergang verschwanden, um sich über den nächtlichen Hof wieder in das Dormitorium zu begeben, erschienen sie der Domina von Marienthron tief gebeugt, als wären die weichen schwarzen Schleier über ihren weißen Kutten eine schwere Last.

Ursula Osmund, die Gastmeisterin, wandte sich noch einmal um. Sie fing den Blick auf, mit dem Äbtissin und Priorin einander suchten, und es entging ihr nicht, wie beide vor diesem Blick erschraken und es mieden, sich nochmals Auge in Auge zu begegnen. Stumm und fremd, nicht schwesterlich, wie ihre Herzen füreinander schlugen, grüßten Margarete von Haubitz und Metze von Schönfeld einander und schieden.

Allein gelassen, trat die Domina zum Betpult. Dort, nicht auf der Lagerstätte, begehrte sie der Auferstehungsstunde des Osterfürsten zu harren. Aber der Kreuzstab in ihrer Hand, das Kruzifix zu ihren Häupten, der Rosenkranz an ihrem Gürtel gaben ihrem Herzen keinen Frieden; und die entsühnende Kraft der Heiligtümer ihres Klosters, die am kommenden Tage wieder über alle Gläubigen sich ergießen sollte, schien ihr für sie selbst erloschen. Im Niederknien brach sie schluchzend zusammen.

Die Sterne in dem weiten, gewaltigen steinernen Bogen des Fensters über ihr verblassten; Wolken verhüllten Boötes, Regula, das goldene Bild der Jungfrau und den Schwan. Die Dämmerung begann den fernsten Saum des Himmels zu erhellen.

Die Stunde war da, zu der sich einst die Frauen zu dem

Gang zum Felsengrabe im Garten Josephs von Arimathia rüsteten, den Leichnam mit ihren Spezereien zu salben. Der Augenblick nahte, da der Engel herniederfuhr vom Himmel, den Frauen eine leere Grabstatt zu weisen: die Stätte des göttlichen Sieges.

Die Domina erschauderte, dass sie kein anderes Gebetswort fand, den Boten Gottes zu grüßen, denn dieses: „Ne nos inducas in tentationem" – Und führe uns nicht in Versuchung.

*

Mit einem zerschnittenen Staatskleide, das keinem der beiden Fürsten mehr passe, hatte Klaus Narr, der Spaßmacher des Kurfürsten Friedrich des Weisen, das zerstückelte Gebiet seiner sächsischen Herren, des Kurfürsten und des Herzogs, der entzweiten Vettern, verglichen.

Das Land war zerrissen, schon mehr als ein Menschenalter hindurch. Aber niemals war die Feindschaft so erbittert, das Misstrauen so tief eingewurzelt gewesen wie nun, da es zwischen Kurfürst und Herzog einen Kampf um Erbe und Besitz der Wettiner, um Städte und Landschaften Sachsens kaum mehr auszufechten galt. Auch waren es redliche und kluge Fürsten, die in beiden Ländern nach ihren streitbaren Vätern herrschten.

Hieß doch der Kurfürst von Sachsen, Herr Friedrich, bei Hohen und Niederen gar ehrenvoll Der Weise; und um seiner Friedfertigkeit und Weisheit willen hatte er die Kaiserkrone des Heiligen Römischen Reiches Deutscher Nation empfangen sollen, des Reiches, das ohne Frieden und Recht und der Ordnung zu lange entwöhnt war.

Johann, sein erlauchter Bruder, waltete neben ihm in Treue und Beständigkeit ihres immer schwerer werdenden Fürstenamtes. Aber auch das Haupt des Herzogtumes Sachsen, Herzog Georg, den sie den Bärtigen nannten, war ein frommer, kluger, ernster, hochgelehrter Herr, wie es nicht viele seinesgleichen gab.

Dennoch stand Sachsen gegen Sachsen, so edel die Herren in diesem wie in jenem Bruderlande waren. Nicht mehr die Fürsten trugen den Streit aus. Es war, als sei da noch ein reiches Erbe, das alle anging.

Gottes Wort war in Sachsen die gefährlichste Habe geworden. Wer von einem Lande ins andere zu reisen und auch auf der kürzesten Fahrt bald die Grenzen des Kurfürstentums, bald die Markungen des Herzogtumes zu überschreiten hatte, musste sich wohl in Acht nehmen, wenn er Gottes Wort als ein verborgenes Frachtgut oder heimliches Reisegepäck bei sich führte.

Brach eine Zeit an, in der man um des Gotteswortes willen zwischen vieler deutscher Länder Grenzen wie ein Flüchtling oder Räuber dahinziehen sollte? Nahm es in Sachsen nur den Anfang? Sollte vielleicht gar bald ganz Deutschland wie ein zerschlissenes fürstliches Staatskleid sein, das hier zu reißen begann? Oder sollte man es noch besser einem zertrennten bischöflichen Messgewande gleich erachten, oder gar der Kleider und des Rockes Jesu Christi gedenken? Denn von des Heilands Gewandung stand geschrieben: „Die Kriegsknechte aber, da sie Jesum gekreuzigt hatten, nahmen seine Kleider und machten vier Teile, einem jeglichen Kriegsknecht ein Teil, dazu auch den Rock. Der Rock aber war ungenäht durch und durch. Da sprachen sie untereinander: Lasset uns den nicht zerteilen, sondern darum losen, wes er sein soll. Auf dass erfüllet wurde die Schrift, die da sagt: ‚Sie haben meine Kleider unter sich geteilt und haben über meinem Rock das Los geworfen.'"

Alles Grübeln mündete immer wieder bei Worten aus des Doktor Martinus neuem deutschen Evangelium!

Leonhard Koppe, den auf seiner nächtlichen Fahrt all die seltsamen Gedanken von Klaus Narrs zerschnittenem

Staatskleid und vom ungeteilten Rock des Gekreuzigten bewegten, lächelte; aber er lächelte in großem Ernst.

Keine schwere, gefahrvolle Stunde war mehr ohne das neugeschenkte Wittenberger Gotteswort zu überstehen! Die Stunde schien wahrlich voller Bedrohung. Der torgische Kaufherr hatte ja auch das Evangelium als teure Reisefracht geladen. Die in seinem Wagen hockten – was anders überhaupt hatten sie mitgenommen auf ihre ungewisse und unsichere Fahrt als Gottes Wort auf ihren betenden Lippen?

Da musste Leonhard Koppe den Umstand hoch preisen, dass seine Reise durch die kurfürstlichen Lande ging. So war sie nicht gefährdet durch die Nachstellungen des „Bärtigen", des Sachsenherzogs Georg. Der hasste alles, was zu diesen Zeiten vom kurfürstlichen Wittenberg kam oder nach Wittenberg strebte.

Freilich, wer sollte vermuten, dass ein Frachtwagen, der noch in der Osternacht vom Kloster Marienthron zu Nimbschen durch den Wiesengrund nach Grimma holperte, Gottes Wort als Fracht verstaut und Klosterfrauen als ungewohnte Reisegenossen aufgenommen hatte?

Gewiss musste es einem Wachsamen auffallen, dass ein Fuhrwerk des torgischen Kaufmannes jetzt noch unterwegs war. Doch hatte Leonhard Koppe sich die Umstände, die es begründet scheinen ließen, wohl überlegt.

Wenn auch nach alter Zisterzienserregel die Klöster des Ordens alles, was sie brauchten, selbst ziehen und aufbringen mussten, so war die Vorschrift doch nicht gar so streng, dass sie nicht zugelassen hätte, mit dem ehrenwerten und weisen Leonhard Koppe aus Torgau in mannigfachem Geschäftsverkehr zu stehen. Sogar schriftlich war dies niedergelegt. Gutes, starkes Bier hatte er für die Oberen des Klosters zu liefern, indes die Nönnlein nur ihr Kofen, das für den Konvent gebraute Dünnbier, trinken durften. Ferner sorgte Herr Leonhard für Heringe, Stockfische und Neunaugen, die gottgefälligen Fastenspeisen für jene Zeiten, zu denen im Klosterweiher für das Fastenmahl der Nonnen nicht gefischt wurde. Da war aber auch noch mancherlei, das die Erde, die der frommen Zisterzienserinnen Mühe und Sorgfalt einst aus Wüstenei in fruchtbare Äcker und üppige Gärten verwandelt hatte, nicht brachte. Dies alles bezog man vom torgischen Kaufherrn.

Argwöhnte nun einer, dass es doch nicht recht geheuer sei mit dem Frachtwagen in der Osternacht, so gedachte Herr Leonhard Koppe den Misstrauischen heftig zu schelten. Er habe gerade schon genug Ärger gehabt mit der großen Festtagsbestellung der Klosterfrauen zu Marienthron! Wahrhaftig nicht erst in der Karsamstagsnacht habe er wieder auf der Heimfahrt sein wollen mit seinen leeren Kästen und Tonnen! Aber nach den kalten, regnerischen Tagen dieses unseligen Frühlings, in dem auch manches andere nicht geheuer wäre, sei das Fuhrwerk auf den aufgeweichten Wegen nur langsam vorangekommen. Fast hätte es ihn die Gunst der gnädigen Frau Äbtissin gekostet, als er mit der Fastenspeise erst am Stillen Sonnabend angelangt sei und gerade noch das Bier zum Feste rechtzeitig brachte.

Wer wollte da noch zweifeln, dass der Kaufherr sehr wider Willen die Rückkehr noch vor dem Ostermorgen versuchen musste? Den beiden Torwächtern von Grimma war solcher Scharfsinn nicht zuzutrauen.

Nur dreierlei war zu verbergen: dass Herr Leonhard Koppe diesmal seine Fuhrknechte selbst begleitete, die Knechte zwei ehrbare Bürger waren und er obendrein keine Ware abgeladen hatte, sondern einen Schatz davonfuhr!

Aber es war vorgesorgt, dass die Torwächter von Grimma den reichen Kaufherrn nicht erkennen sollten. Sie würden nur den derben Mantel und die verwitterte Fuhrmannskappe sehen, die er trug!

Die Nonnen im Wagen verbarg die auf Reifen gespannte Plane. Von den Bier- und Heringstonnen, die an der hinteren Bretterwand des Fuhrwerks aufgestellt waren, blieben sie auch dann noch verdeckt, wenn der Nachtwind an der derben Leinwand riss. Und wenn dennoch einem eingekommen wäre, des Nachts sein Pferd aus dem Stall zu reißen und einem Frachtwagen nachzusetzen: so wusste Herr Leonhard zwei junge Burschen auf der Landstraße wandern. Weit hintenan folgten sie dem Wagen; kein Winkel war für sie mehr frei gewesen in dem übervollen Fuhrwerk des Kaufherrn. Die beiden Knaben würden dem Wissbegierigen eine Richtung weisen, in der er den Wagen mit Tonnen und Nonnen nimmermehr fand. Mochten sie heil in Torgau anlangen, die Knaben der Äbtissin von Marienthron! Ihr erster Weg in die Welt – dessen war sich der Kaufmann aus Torgau bewusst – würde lang und beschwerlich werden. Sein eigenes Fuhrwerk aber hatte sich wohl zur letzten Fahrt von Nimbschen nach Torgau aufgemacht! Die Klosterkundschaft war verloren. Der ehrenhafte, würdige Kaufherr war zum Räuber der besten Klosterhabe geworden. Er meinte, es könne einmal auch ein seliges Handwerk sein, das Rauben!

Die wunderlichen Reisegefährtinnen im weißen Kleid und schwarzen Schleier, die sich dem Räuber überließen, wussten nicht von seinem letzten Ziele: Wittenberg.

Noch war es Koppe nicht untrüglich gewiss, ob er sie auch nur bis zum ersten Ziele bringen würde. Mit solchem ersten Ziele meinte er Ortschaften, in denen man mehr auf Förderung als auf Widerstand und Behinderung zählen durfte, wenn durch des Teufels List bekannt werden sollte, wie wenig Tonnen das Fuhrwerk aufgeladen hatte und wie es dennoch überreich war an guter edler Fracht.

Freilich durfte der Verwegene sich getrösten, es liege manches Dorf an der Fahrstraße nach Torgau, das mehr zur Hilfe bereit sei als zur Verfolgung. Auch konnte man sich, ohne sich in trügerischen Hoffnungen zu wiegen, damit beschwichtigen, dass zu Nimbschen keine Männer wären, geeignet, den Kampf mit den Entführern aufzunehmen. Zwar hielt das Kloster für seine vierzig geistlichen Jungfrauen ein halbes hundert Knechte, Mägde und Helfer aller Art in Dienst und Kost. Aber unter den Klosterhandwerkern hatte doch allenfalls nur der Meister Schmied dann und wann einmal auf einem der Pferde gesessen, die er beschlug. Den Klosterfrauen zu Marienthron standen keine reisigen Leute zu Gebote, die den Flüchtigen nachsetzen und sie mit Gewalt zurückbringen konnten, wenn die Entführung der Nonnen doch nicht verborgen geblieben war. Darauf baute Koppe, wenn er die irdischen Umstände seines Unterfangens bedachte.

Die Zeichen mochten sich nun gut oder unheildrohend anlassen: die Nachtfahrt nach Torgau musste gewagt sein. Über die Prim, die Mette des Ostermorgens hinaus, war das Geheimnis nicht zu hüten. Zum Ostermorgen musste der Planwagen in Torgau einfahren! Jeder geringsten Gefahr sofort begegnen zu können, hatte der kühne und umsichtige Kaufherr den Brudersohn und Namensvetter Leonhard Koppe und Wolf Dommitzsch, die Helfer beim guten Werke des Raubes, zwischen den Tonnen und der halbmannshohen Rückwand des holpernden, schwankenden Wagens aufgestellt. Achtsam hielten die beiden jüngeren Männer Rückschau.

Kein Bürger ist im Schlafe aufgeschreckt, als das schwere Fuhrwerk nachts durch Grimmas Gassen polterte. Sie ließen auch diesmal den Frachtwagen unbemerkt und unbehindert durch ihre Tore wie alle Fuhrwerke des torgischen Kaufmanns vordem. Im ganzen vergangenen Jahr hatten Koppes Wagen auf der Hinfahrt geheime Briefe an die Nonnen in Marienthron, auf der Rückfahrt wohlverwahrte Episteln von Nimbschener Klosterjungfrauen in die Welt durch Grimma gebracht und waren ungehindert geblieben.

Einer freilich wachte zu der Nachtzeit, zu der die Nonnen und die Kaufleute durch Grimma fuhren. Daran hegte

Herr Leonhard keinen Zweifel. Einer in Grimma horchte immer wieder auf, ob der schwere Planwagen des Torgauers der Klosterkirche am hohen Muldeufer sich nahe. Einer lauschte in die Dunkelheit, ob der Schlag der Pferdehufe und das Ächzen der Räder ohne Verzug aus dem Bannkreis der ungefügen, alten Burg am Flussrand sich wieder entferne. Dieser eine, der Hospitalmeister vom Sankt-Georgen-Spital, Herr Wolfgang von Zeschau, war Doktor Martin Luthers Freund; um seinetwillen hatte er vor kurzem die stolzere Würde des Priors der Augustiner von Grimma niedergelegt.

Sechs Jahre war es her, seit der gefeierte und berühmte Wittenberger Professor als der neue Distriktsvikar über die zehn Augustinerklöster Sachsens auf seiner Visitationsreise auch im Kloster Grimma Einkehr hielt. Hochangesehen in seiner Kongregation, erschien er auch den Benediktinern, Zisterziensern und Bernhardinern, den verwandten Orden, als der Rechte und Berufene, aufzutreten im Kampf gegen die gegnerische Genossenschaft der ketzerrichterischen Dominikaner.

Zum Helfer und Diener aber auf Gedeih und Verderb war der Prior Wolfgang von Zeschau dem Doktor Martinus geworden, seit der Wittenberger Ordensbruder drei Jahre später noch einmal bei ihm weilte auf der Heimfahrt vom großen Rede- und Glaubensstreit auf der Pleißenburg zu Leipzig. Nach diesem Dispute stand das Haus des Papsttums, in dem die Christenheit bis dahin gewohnt, nicht mehr. Es galt, das Leben neu aufzubauen, – obwohl doch nach den Regeln Martin Luther in Leipzig

Eck, dem Meister des scholastischen Disputierens, unterlegen war!

Damals hatte der hagere, abgezehrte Wittenberger den Bürgern von Grimma gepredigt; und dessen eingedenk, Jahr um Jahr, haben sie es nachher geduldet, dass der Prior und viele Mönche ihres Grimmaischen Klosters von nun an als Laien mitten unter ihnen lebten, wie viele Brüder zu Wittenberg es gleichfalls hielten.

Freilich gab es in Grimma auch noch manche Widersacher derer, die den Wittenbergern folgten. Aber die Zahl solcher Gegner, Priester und Laien, war zu gering, als dass sie Widerstand zu leisten vermochten. Die Bürger Grimmas mussten es ertragen, dass Prior und Brüder fortan wie der Ihren einer wurden.

Ein Jahr war es her, dass der Abfall der Grimmaischen Mönche geschah. Der Wittenberger war von der Wartburg, dem Horte der Verborgenheit, herniedergefahren wie ein Erzengel mitten ins unruhevolle Sachsenland und unter sein aufgewühltes Volk. Er hatte auf seinem heimlichen Ritte nach Wittenberg keine Macht in Händen gehabt als das Wort von Gottes Neuem Bunde mit den Menschen. Dieses Wort verkündete er fortan in der Sprache dieses seines wogenden, schwankenden und wankenden Volkes, dass jeder es vernehme, wie Gott ihn rief, und jedem aus der Schrift bezeugt würde, wie Jesus Christus und die Apostel ein Leben nach dem Evangelium gelehrt.

Das Evangelium, den Grund des Lebens, aber hatten sie zu Rom verschüttet unter dem neuen Turmbau zu

Babel: dem stürzenden, vermessenen Menschenwerk lateinischer Floskeln und Formeln, die der Menschen Seelen banden. Und einer musste kommen, den Grundstein neu emporzuheben und aufzurichten als Felsen des Heils.

Nach solcher Wiederkunft des neuen Propheten hatte Herr Wolfgang von Zeschau aus freiem Antrieb und ohne nach den Folgen seines Wagnisses zu fragen, das Amt des Priors niedergelegt. Er, der sächsische Edelmann und Prior eines Klosters, hatte um der neuen evangelischen Freiheit willen den niederen Dienst eines Spittelmeisters von Sankt Georgen auf sich genommen. Mehr als die Hälfte seiner Ordensbrüder war ihm aus dem Kloster nachgefolgt. Und viele Mönche in den umliegenden Klöstern, die es vernahmen, dass sich auch zu Grimma die Klosterpforten aufgetan hatten, verließen ihre Gotteshäuser und Zellen gleich den Grimmaischen Patres und Fratres. Denn seit die Kunde von dem, was in Wittenberg und Grimma sich zutrug, von Stadt zu Stadt und von Kloster zu Kloster drang, hatte sich aller Konvente des sächsischen Landes eine große Erregung bemächtigt, zumal der Urheber all dieser gewaltigen Umwälzungen der Distriktsvikar der Augustiner war. Manche frohlockten, Engel seien die Boten gewesen, die allenthalben zu gleicher Zeit verkündeten, was der Wittenberger Bruder vollbrachte, der Thesen an ein Kirchtor nagelte und damit die Riegel aller Klostertüren zerschlug.

Manche aber fluchten, dass auf allen Straßen von Wittenberg nach Torgau, von Torgau nach Grimma, nach

Chemnitz und das Ufer der Elbe entlang das Wort der Verführung und Verblendung das Land durchlaufe und die Mönche mit sich reiße. Als seien die Diener Gottes zu rohem, herrenlosem Kriegsvolk geworden, so trügen sie Unruhe in Städte und Dörfer und einsame Klöster. Teuflisches Widerspiel und furchtbare Verhöhnung, Verhöhnung des Meisters und seiner zwölf Jünger, sei es gewesen, dass dreizehn, gerade dreizehn Wittenberger Augustiner dem Schwarzen Kloster entwichen. Er aber, der Urheber des Argen, empörten sich viele, blieb; auch als nach den dreizehn die doppelte Anzahl den mönchischen Schwur brach, blieb er, ein böser Geist, mit einem Gefährten der Finsternis allein im veröten Kloster zurück und übte seine Macht über die Brüder im Lande, die dem Abfall zuneigten.

Niemand wagte Hand an die Abtrünnigen zu legen. Über alle war eine große Ungewissheit gekommen. Denn die Erde des sächsischen Landes bebte von Gottes Wort, das wie ein fressendes Feuer auf die Ebene gefallen war und wie ein Hammer, der Felsen zerschlägt.

In diesen Tagen, in denen die ersten Klosterzellen sich leerten, eilten Laienschwestern, die im nachbarlich nahen Nimbschen Klosterdienst taten, über die Hügel und Hänge am Saume des tief zwischen Felsen hinströmenden Flusses nach Marienthron, wie einst die Frauen am Auferstehungsmorgen von dem Grabe Jesu im Garten Josephs von Arimathia hinwegstürzten. Die einen, die wie jene Zittern und Entsetzen angewandelt hatte, sagten niemand etwas; denn sie fürchteten sich. Die anderen aber kamen und verkündeten wie Maria Magdalena, was sie gesehen hatten und was ihnen gesagt war.

Da begehrten einige der Klosterfrauen genauere Botschaft und ersehnten die Deutung der Begebenheiten. Aber dem, der sie vor allen anderen zu geben fähig war, Wolfgang von Zeschau, war es von nun an verwehrt, seine aufgeschreckten, besorgten und ratlosen Bruderstöchter Veronika und Margarete noch fernerhin in Marienthron aufzusuchen. Ein Jahr hindurch musste er immer wieder neue Wege ersinnen, damit sie von der Freiheit des Christenmenschen erführen.

Nur einer noch vermochte ohne Behinderung und Verdacht in die Klostermauern von Marienthron einzutreten, zu den leiblichen und geistlichen Schwestern von Zeschau zu sprechen und sie mit Schriften und Briefen zu versehen: Gareysen, der Pfarrherr der Stadt- und Frauenkirche von Grimma. Doch bald verschloss sich das Kloster auch ihm.

Denn seit er zum dritten Mal die Jungfrauen zu Nimbschen als ein geistlicher Vater und heimlicher Verbündeter aller derer, die das neue Heil verlangten, aufgesucht hatte, las er in seinem Gotteshause das Neue Testament nach Wittenberger Weise. Die Begebenheiten der heiligen Geschichte und die Gleichnisse Jesu Christi waren zu Ereignissen, Schicksalen und Entscheidungen geworden, die in der kursächsischen Stadt Grimma zwischen Burg, Spital und den beiden Kirchen, am Fluss, im Tal und auf den Höhen sich begaben und stündlich wieder Gegenwart zu werden vermochten.

An diesem Ostermorgen aber sollte Gareysen, der Künder des Evangeliums in Grimma, in der Kirche Unser Lieben Frauen zum ersten Mal das heilige Abendmahl in beiderlei Gestalt austeilen. Allen, die solche Gaben begehrten, versprach er Brot und Wein zu gewähren – auch den Wein ihnen zu reichen, der unter den Römischen nur dem Priester vorbehalten blieb. Und doch war das Blut des Erlösers am Tag der Kreuzigung und gestern noch, am Karfreitag, wo nur dessen in der Welt gedacht ward, für alle vergossen.

Der torgische Kaufherr, der Räuber der Nonnen in Marienthron, der von alledem Kenntnis besaß, fuhr getrosten Mutes durch Grimma: getrost nicht nur im Gedanken an die gegenwärtige Stunde. Ihn machte der Ostersieg des göttlichen Wortes gewiss und stark.

So still lag die Stadt, als Koppes Fuhrwerk sie verließ und sich jenseits ihrer Mauern ostwärts aufs Torgauische zuwandte, dass kein Laut in ihr zu hören war als das gläserne Rinnen und Sprühen und Tropfen des unablässig fließenden Wasserstrahles in dem hölzernen Brunnenhäuschen neben dem schmalen, niedrigen Tor der Burghofmauer. Der zarte Klang der reinen, lebendigen Quelle verwehte und nahm doch kein Ende.

Umgab ihn so viel Friede, so viel Treue, ja heimliche Bundesgenossenschaft – was scherten Herrn Leonhard noch Sorgen und Bedenken? Warum war er so vorsichtig, misstrauisch und wachsam, dass er selbst die Zügel führte? Und was ließ ihn gar aufschrecken, als die Klosterjungfrau, die hinter seinem Rücken verborgen war, seinen Arm berührte? Kaum dass er hinter der Stadt in den Waldweg eingelenkt war, begab es sich. Fast riss sie ihm die Rechte zurück, als er die Warnung nicht sogleich verstand.

„Ihr habt scharfe Augen und Ohren, edles Fräulein", raunte er, nachdem er die drei Pferde angehalten hatte. Erst hatte er noch unwillig widerstrebt. Ihn verdross, dass solch Nönnlein seine Angst vor Hirngespinsten, wie die nächtliche Flucht sie ja leicht vorgaukeln mochte, so schlecht bezwang. Aber nun sah er und hörte auch, was die Nonne ihm zuflüsterte. Dabei hatte sie sich erhoben, war jedoch überlegt genug, sich hinter seine Schultern zu ducken.

Geheuer war's im Walde nicht! Zweige brachen. Der zitternde Schein einer Laterne drang durchs Gestrüpp; und dass er jäh verlosch, verriet nichts Gutes.

Die Nonnen unter der Plane, zwischen den Säcken und Tonnen, beteten. Angst überfiel sie, als die Fahrt so plötzlich stockte. Sie beteten, wie sie im Kloster sangen und flehten, wenn sie der Gewalt eines Unwetters nur durch ihre aufgehobenen Hände und Herzen zu begegnen vermochten. Sie riefen die Heiligen an, die in solcher Drangsal Schutz verhießen. Sie beschworen sie mit lateinischen Formeln und hauchten römische Gesänge.

Dessen ward der Kaufherr sogleich gewahr, so fest auch alle seine Sinne auf jede Regung in dem Wald gesammelt waren. Er wähnte, es müsse schwer, sehr schwer sein, was vor den Himmelsbräuten von Marienthron lag, die noch nicht anders zu beten verstanden und mit dieser Nacht das Recht doch verwirkten, zu den Heiligen zu flehen.

Eine unter ihnen betete nicht. Die Klosterjungfrau, die den Beschützer gewarnt, drang inständig, doch ohne jede Erregung, ja fast gebieterisch in die Schwestern, sie möchten in diesen bangen Augenblicken nur in ihren Herzen zu Gott seufzen. Sie müssten schweigen. Jede Unbedachtsamkeit drohe sie zu verraten.

Auf Koppes leisen Zuruf sprangen, die schwere Leinwand rasch beiseite zerrend, Leonhard, sein Brudersohn, und Wolfgang Dommitzsch von der Rückwand des Planwagens. Spähend umschlichen sie das Gefährt.

Die Nonne hinter dem Rosselenker überwand ihre Scheu immer völliger. Sie wagte, ihm zu raten, man solle doch vielleicht die Stalllaternen von dem Fuhrwerk abbinden, sie darunter stellen und verdecken. Wortlos setzte Leonhard Koppe, die Zügel noch um die Rechte geschlungen, den Fuß aufs Rad, ihre Weisung zu befolgen. Er holte die Laternen herab. Vielleicht verräterisch angesichts der aus dem Walde dräuenden Gefahr, fiel dabei der Lichtschein auf die Gehilfin, die ihm unter den Schützlingen erstanden war. Flüchtig blickte er in aller Eile seines Handelns zu ihr auf. Doch prüfte er sie sehr genau. Von solcher Art also, nun wusste er es, war jene neunte, die sich zu den achten gedrängt hatte, dass er sie mit ihnen davonbringe! Dies also war Katharina von Bora, die er nahe hinter sich wissen wollte, weil er ihr noch misstraute.

Noch einmal – dann duldete es die wachsende Gefahr nicht mehr – haftete sein Blick auf ihr.

Da sah er, dass nun ihre Hände sich im Gebete schlossen. Ihre Lippen blieben unbewegt. Aber ihre großen, dunklen Augen schienen das Gewölk zu durchdringen, das plötzlich den Sternenhimmel so trübe verhängte, als sei der Erde kein Morgen mehr bestimmt, an dem der Herr des Lebens mit dem Morgenglanze aus der Finsternis des Todes hervorbrach.

Der schwere Fuhrmannsmantel, der ihr weißes Nonnenkleid verbarg, glitt von den Schultern Katharina von Boras. Sofort begriff sie, dass dies eine neue Gefährdung bedeutete. Sie bückte sich hinter den Sitz des Wagenlenkers und zog den Mantel über ihr Haupt.

Ein Frachtwagen war's für fremde Augen, nichts als ein Frachtwagen, an dem Leonhard Koppe sich zu schaffen machte. Vielleicht hatte sich die Nabe eines Rades gelöst, dass er in der Nacht auf unwegsamer Waldstraße stehen blieb und zwei Männer ihm beisprangen. Sie hatten wohl ihre Mühe und Not. Denn sie suchten den Schutz des Fuhrwerks auch dann nicht, als schwere Regentropfen auf die Plane schlugen. Ein Frachtwagen, nichts als ein Frachtwagen war es. Dass es so scheinen möge, war in der Osternacht des Kaufherrn Stoßgebet.

Der jähe, kühle Regen ging geschwind vorüber. Als er verrauscht war, fielen bei jedem Windstoß noch einzelne schwere Tropfen von den Ästen. Ihr Aufschlag auf das Erdreich war in der Stille, die sich nach dem Regen wieder über den Wald gebreitet hatte, klar zu vernehmen.

Die eben noch den Wald mit Unruhe erfüllten, mussten sich gar schnell entfernt und abgelegene Wege gefunden haben. So waren sie also mit dem Land und seinen Wäldern vertraut.

„Uns galt es nicht", sagte Herr Leonhard kurz. Noch immer hielt er bei den Pferden Ausschau und hatte die Halfter der drei Pferde gepackt, damit sie bei einem unvermittelten Überfall aus dem Dunkel nicht scheuten. Der junge Leonhard und Dommitzsch standen noch eine Weile, aufgereckt und vorgeneigt horchend, bei ihm, bevor sie es wagten, ihre Vermutungen miteinander auszutauschen.

Noch bohrten sie ihren Blick in das schier undurchdringliche Dickicht zuseiten des Gefährtes. Noch einmal schritten sie tastend die unwegsame Fahrstraße bis zu der nächsten Windung ab. Dann holten sie die mit den Haferbeuteln ihrer Pferde verdeckten Laternen unter dem Planwagen hervor. Der alte Koppe bestieg wieder das Fuhrwerk. In allen Mühen und Beschwerden dieser Nacht stand er in Ausdauer und Geschicklichkeit den beiden jüngeren Männern nicht nach. Sein Brudersohn und Wolf Dommitzsch gingen vorsichtig voran und leuchteten den Weg ab.

Wahrlich, der machte es bitter notwendig, so völlig hatte der Winter ihn zerstört. Nur noch wie eine tiefe, schlammige Furche war die Landstraße in den Waldgrund eingewühlt. Der tauende Märzschnee hatte sie zerweicht und unterspült; kaum war noch eine Fahrbahn aufzufinden. Die kalten Frühlingsstürme des Ostens, in denen nur die Kraft, nicht aber die Wärme neu erwachenden Lebens war, hatten nicht nur morsches Gezweig niedergebrochen. Auch mancher starke Ast versperrte den Weg als gefährliche Schranke. Auf der Hinfahrt zum Nimbschener Kloster hatte die Stunde anders noch gedrängt als sonst, wenn es den frommen Frauen von Marienthron Ware zu liefern galt. Den Männern von Torgau hatte alle Zeit gemangelt, sich die Rückkehr mehr zu erleichtern. Nur die gröbsten Stämme, die zum unüberwindlichen Hindernis für Pferde und Fuhrwerk wurden, hatten sie beiseite gehoben.

Die Pferde stapften, stemmten sich in die Gurte, keuchten. Der Planwagen schwankte, stockte und drohte über Stein und Wurzelwerk fast umzuschlagen. Er versackte in Löchern, in denen getauter Schnee und neuer Regen sich staute. Koppe, der Rosselenker, hatte alle Kräfte und Sinne noch immer allein auf sein Gefährt zu richten. Aber als sie über eine ebene Strecke Wegs dahinpolterten und die beiden Helfer wieder aufgesessen waren, wurde es ihm dringlich, der Nonne von Bora, die für ihn so wachsam gewesen war, zu erklären, was er von der Schar hielt, die da im Walde aufgetaucht und wieder entschwunden war. Noch harrte er des rechten Augenblicks. Wie sollte sie ihn jetzt verstehen? Laut schlugen die Ketten, welche die Seitenwände und die Rückwand des Wagens zusammenhielten, gegen die Bretter. Tiefhängende Äste strichen raschelnd, schlagend und ächzend über die Plane. Die Schwestern unter dem Zeltdach, nun sie sich abermals gerettet wähnten, sprachen einen Lobgesang, den zu singen sie sich nicht getrauten. Der junge Koppe und Wolf Dommitzsch kletterten, wo sie nur einen Fußbreit Raumes fanden, im holpernden Fuhrwerk umher. Sie rückten und rüttelten an den Tonnen, damit die armen, verängstigten Klosterjungfrauen, die zwischen den Fässern kauerten und knieten, wenigstens um ein Geringes ihre Lage verändern, einen Fuß ausstrecken oder einen Arm aufstützen könnten. Ja, vielleicht gewann die eine Schwester die Möglichkeit, ihren Kopf in den Schoß der andern zu betten. Denn die Männer meinten – und sie hatten recht damit –, dass die Nönnlein sich von selbst wohl kaum zu rühren wagten.

Katharina von Bora, alles verfolgend, alles belauschend, erfasste gar rasch, welche Hilfe die Männer von Torgau den Schwestern zu leisten trachteten, dass sie aber in der Finsternis nur Verwirrung über die Nonnen brachten. Denn die waren ratlos, hilflos und von geringer Gewandtheit. Von ihrem Fuhrmannsmantel umhüllt, wagte sie es, nach vorn, zu dem Kaufherrn sich zu beugen und die Stalllaterne anzuheben, die als Wagenlicht seitlich am ersten jener Weidenreifen hing, darüber die Plane gespannt war. So gab sie dem Innern des völlig dunklen Frachtfuhrwerkes für wenige Augenblicke spärliches, doch sehr begehrtes Licht. Jene Spanne aber, in der das Klosterfräulein von Bora die Laterne über seiner Schulter dem Wagen zukehrte und ohne Weisung und Geheiß seinen Helfern und den Schwestern beistand, benützte Herr Koppe von Torgau, ihr kundzutun, dass die Männer im Walde ihrem Gefährt wohl kaum nachspürten. Eher möchten sie sich ihm zu entziehen trachten. Solche Scharen schlichen jetzt manchmal im Lande Sachsen und noch viel weiter hin durch die dunkelsten Nächte. Bauern wären es, die von den Dörfern rings heimlich zueinander stießen, Rat zu halten, wie sonst regierende Herren täten. Bauern streiften überall umher, unter dem Zeichen des Morgensterns sich schlüssig zu werden, wie sie bessere Tage haben könnten, nun sie durch das neue Evangelium Freie wären gleich wie ihre Herren.

Sorgenvoll und bitter klang, was der Kaufherr der Nonne im Fuhrmannsmantel vertraute, auch wenn es nichts als Mutmaßung war. Sie solle, fügte er hinzu, nicht wähnen, der Morgenstern, unter dem die Bauern sich sammelten, sei das freundliche Himmelsgestirn an der Pforte der Nacht. Nein, ihre alte Waffe sei's, die Kugel mit den eisernen Zinken und Zacken auf wuchtiger Keule, mit der sie Raubgetier und Raubgesindel von ihren Dörfern abwehrten. Unter solchem Morgenstern zöge das Landvolk durch die nächtlichen Wälder.

Weil ihr Gesicht – wenn auch nur für ihn wahrnehmbar – im Lichtschein der Laterne stand, die sie für die Schwestern und ihre Helfer über seinem Brettersitz emporhielt, erkannte Koppe, dass die Nonne erblich.

Ihre klugen, traurigen Augen sah er voll auf sich gerichtet: ungläubigen, erschreckten, fragenden und allmählich doch völlig begreifenden Ausdrucks. Doch sprach sie nichts.

Wortlos hängte sie, als der junge Koppe und Dommitzsch sich wieder an der Rückwand des Wagens niedergehockt hatten, die Laterne neben des Kaufherrn Haupte fest.

„Bleibt nur nahe hier an meinem Sitz", sprach Leonhard Koppe, „mit Euch muss dies und jenes noch beredet sein, ehe der Tag anbricht und wir ins Torgauische einbiegen."

Nun erst tat sie die Lippen auf.

„Ich weiß es, Herr", sagte Katharina von Bora, „habe ich mich doch zu denen gedrängt, die Ihr davonbringen wolltet. Das vergebt mir."

„Wie konntet Ihr von solchem Plane wissen?", drang der Schützer und Entführer in die geheimnisvolle neunte, von der sein und der acht Nimbschener Klosterjungfrauen Plan nichts gewusst hatte.

Die Nonne antwortete ruhig und fest.

„Ich habe flüchtige, von den Schwestern für unverfänglich gehaltene Reden aufgefangen und Zeichen wahrgenommen, die sie für unbemerkbar hielten. Ich habe gespürt, wie die Merkmale sich häuften, dass eine Flucht sich vorbereitete: wahrhaftig nicht die Flucht Leichtfertiger! Schien etwas leichtfertig, so war es nur eines: dass man Schriften von Schwester zu Schwester reichte, die man vielleicht sorgsamer hüten musste – vielleicht aber nach Gottes Willen nicht verbergen durfte. Denn Worte standen in ihnen, wie ich sie noch nie zuvor vernahm oder geschrieben sah. Denn das Heil war in ihnen beschlossen –." Sie zögerte und endete leiser: „Das Heil, wie es die Erfüllung der Gelübde keiner der Unseren gewährte."

Der Kaufherr fuhr im Fragen fort, ohne dass er sich noch zu ihr kehrte.

„So wären die acht Verschworenen und ihre greise Helferin samt den beiden Knaben der Äbtissin in rechte Gefahr geraten, hätte eine andere sie in gleicher Weise beobachtet und aus ihrem Gebaren die nämlichen Schlüsse gezogen wie Ihr?"

„Sie wären es vielleicht", bestätigte Katharina von Bora. „Und weil mir bange war, ob es nicht noch mehr heimliche Mitwisserinnen gäbe außer mir, die alles noch zunichtemachen könnten, was bereitet war, hielt ich mich bis zu dem Augenblick des Aufbruchs zurück. Ich hätte sie zu warnen vermocht, würde Unvorhergesehenes ihnen gedroht haben. Ich hatte keinerlei Verdacht auf mich gezogen."

Herr Leonhard erstaunte. War die Jungfrau nicht eben noch eine Nonne gewesen und nur geübt im Beten, Singen und Schweigen? Ihm dünkte, geübt im Schweigen vor allem! Wie wusste sie aber nun mit ihm, dem Handelsherrn aus der Stadt, zu reden! Ging es doch dabei um das Schwerste, das bisher auf ihrem Leben gelastet haben mochte. Erst nach einer Weile tat Koppe die Frage: „Nur deshalb habt Ihr Euren Entschluss verborgen gehalten?"

„Nein, nicht nur deshalb, Herr", brach es leidenschaftlich und schmerzerfüllt aus der Nonne hervor. „Zu ungeheuerlich erschien, was die acht Schwestern wagten: so unausdenkbar war es, dass ich Stunde um Stunde noch eines höheren Zeichens harrte als der geheimen Merkmale, die ich um mich austauschen sah. Aber wie sollte Gott noch klarer rufen und die Stunde nennen, als dass er in der Osternacht die Klostertür sich auftun hieß? Da trat ich zu den achten, gewiss, dass ich ihnen Gefahr und Beschwer nicht brächte; getrost, dass sie mich nicht zurückweisen würden, auch wenn der Augenblick, in dem ich unvermutet unter ihnen stünde, sie verwirrte. Nun freilich wird eine scharfe Trennung zwischen uns geschehen."

Sie verstummte so jäh, dass der Kaufherr sich nach ihr umwandte. Doch bedeckte das Dunkel sie nun wieder völlig. Sie aber spürte, dass sie dem Beschützer, der sie nicht zurückgestoßen hatte, noch ein Wort, ein gewichtiges Wort der Erläuterung schulde.

„Ihr dürft es nicht falsch verstehen, Herr", hob sie von neuem und sehr ruhig an, „dass ich von Trennung spreche. Nicht die Herzen, die gleiches erlitten und in ihrem großen Leide gleiche Gnade erfuhren, werden sich voneinander kehren. Nein, zwischen Los und Los wird eine Mauer aufgerichtet sein. Diese alle haben Freundschaft und Verwandtschaft in der Welt und wissen, wohin sie sich kehren. Gebe Gott, dass die Ihren im Lande sich ihrer aller erbarmen. Es ist viel heimliche Botschaft hin und her gesandt worden, möchte ich meinen. Ihr, Herr, werdet es besser wissen als ich."

Leonhard Koppes anfängliches Misstrauen und seine gebotene Bedenklichkeit waren einem ungeteilten Wohlwollen gewichen. Die neunte war ihm kein Eindringling mehr. Er, der Kühne, Kluge, der nur das Wirkliche sah – freilich auch die wirkliche Not der Herzen –, ging nun gar väterlich und milde mit der entwichenen Nonne um. Wie er jetzt forschte und fragte –, es hatte nichts Prüfendes und Wägendes mehr an sich. Nur voller Wärme war es, nur besorgt.

„Ihr steht allein, habt an niemandem Halt?"

„Ich bin allein", sprach Katharina von Bora. Trauer begann den Klang ihrer klaren Worte zu verschleiern. „Wie sollte ich wissen, wohin ich mich wende? Wo sind die

Meinen? Wer bin ich? Wer bestimmte mein Geschick? Wer vermag mir zu künden, wessen Wille mich dem Kloster zuführte? Keine Stimme aus der Welt gab jemals Antwort, warum die Welt so über mich entschied und nie mehr nach mir fragte. Nur, dass im Kloster eine Muhme von mir lebte, seit langem schon: die Siechenmeisterin, die unermüdliche und treue Schwester Magdalena. Doch war uns geboten, einander nur als geistliche Schwestern zu begegnen. Und als sie, frühe und vor langer Zeit war es gewesen, einmal zu mir redete als Verwandte und Gefreundte, geschah es nur, mir zu klagen, wie sie nie mehr etwas vernommen habe von ihrem Bruder, dessen Kind ich sei."

Über diesen Worten war ihre Stimme noch leiser und zagender geworden. Als sie dessen gewahr wurde, raffte die Klosterjungfrau sich wieder zur Festigkeit auf und schloss mit innerer Stärke: „Auch darum musste ich vor den Schwestern still sein, dass keine in der eigenen Not sich beladen müsse mit der meinen."

„Gar manche", erwiderte der väterliche Entführer mit wachsendem Ernst, „die jetzt noch wähnt, Verwandtschaft, Freundschaft und Gemeinschaft, eigen Blut und Gut in der Welt zu besitzen, wird bald allein sein wie Ihr. Vieler Los wird ungewiss und unsicher sein wie das Eure. Ihr habt recht bemerkt, dass heimliche Briefe von Marienthron ins sächsische Land, vom Land ins Kloster gingen. Aber manche Epistel von Schloss zu Kloster enthielt wohl bitteren Bescheid. Kein Adelsgeschlecht, edles Fräulein, das im Lande Herzog Georgs liegt, kein Herrengut im Meißnischen darf es wagen, das eigene Fleisch und Blut, sofern es eine entlaufene Nonne ist, im Vaterhause aufzunehmen."

Der Nonne Katharina klang es wunderlich im Ohr, dass einer sie edles Fräulein nannte. Ihre Gedanken, jedoch scheu und zögernd, wiederholten die Worte, die sie so fremd anmuteten, dass sie sich unwillkürlich fester in den groben Fuhrmannsmantel hüllte, der um ihr weißes Nonnenkleid gelegt war.

Unmöglich war es, Rede und Gegenrede fortzuführen, so rasselten die Ketten, polterten die Fässer, kreischten die Räder. Schlamm und Steine, Weglöcher und verkrustete Fahrspuren ließen Rosse und Fuhrwerk nur noch mit kaum mehr überwindbaren Mühen vorankommen.

Seltsam war, dass die Fliehende ihrer und ihrer Schwestern Not nicht mehr gedachte, als wäre es ihr mit dem Abbruch des Gespräches nicht mehr gestattet. Die Pein der Pferde bedrängte sie. Der Anblick der gequälten Tiere duldete kein Grübeln, kein Fragen, kein Klagen. Hinter dem Brettersitz des Kaufherrn kniend, sah sie in dem Halbrund des Weidenbogens, den die Plane umspannte, im zitternden Lichte der schaukelnden Laterne die wogenden, dunklen Rücken der Pferde wie berstende, wankende Berge. Gemartert erblickte sie, wie ihre Hälse sich wanden, als schnürten Würgebänder sie ein; bald bäumten sie sich auf, bald sanken sie todesmatt herab. Nur eins der Rosse, ein Brauner, ein altes, erfahrenes Tier, war tapfer, still und unermüdlich. Es war, als zöge er allein das Gefährt fort, in Treue und Geduld. Aber auch seine Nüstern dampften; und von Schweiß und Regen war auch sein Haar wie bereift. Brauner, Rappe und Falbe glichen einander, als sei ein Gespinst über sie geworfen, das sie der Wirklichkeit entrückte.

Ein liebendes Gefühl durchzog Katharinas Herz.

Es war, als leuchte in der Finsternis der Nacht und in dem ausweglosen Dunkel ihres Lebens unversehens ein Tag ihrer Kindheit auf, die ihr bis dahin im Verborgenen lag. Jedoch vermochte sie das aufdämmernde Bild nicht in voller Klarheit zu erfassen oder gar festzuhalten. Nur dass sie die Wärme eines Pferdes spürte.

Bruchstücke von Gesichtern verwehten mit dem unruhigen Schein der Fuhrwerkslaterne. Unablässig musste die Nonne dem nachgrübeln, was vor ihrem inneren Auge aufgetaucht war. Schattenhaft zerrann es, sobald sie trachtete, es sich so zu vergegenwärtigen, dass sie benennen könne, was sie erblickte. Schmerzhaft empfand sie die Anstrengung des Zurückdenkens und Nachsinnens; denn ihr Leib war schwach und müde von dem strengen, harten Fasten während der Leidenszeit des Herrn und ihr Geist verzehrt vom Beten. Sie hatte dem Heiland auf seinem Schmerzenswege keines der Gebete versagt, die der klösterliche Gottesdienst in Kirche und Zelle gebot oder auch nur anempfahl. Sie hatte aber überdies den Himmel in Gebeten angefleht, die Gotteshaus und Zelle erbeben ließen, bis die Klosterpforte aufsprang und die Mauer von Marienthron unter ihre Füße getan war.

Diese Nacht war es geschehen? Erwartung und Erfüllung, wie sie die eben erst vergangenen Stunden umschlossen, hatten Katharina von Bora erschöpft. Von all dem Bangen, Hoffen, Überwinden und Vollbringen kam eine Schwäche über sie, in der sich Wirklichkeit und Traum verwirrten.

Sie sah den Vater auf seinem Braunen in einen Gutshof einreiten. Dann wieder – wie Traumerscheinungen jäh wechseln und ineinander aufgehen – stand er vor dem Tor an einem Wagen. Es war unfraglich jene Kutsche, mit der die Äbtissin alljährlich von Nimbschen nach Torgau zu reisen pflegte. Die Pferde vor dem Wagen wiederum waren der Falbe, der Rappe und der gute Braune, die starken, schweren Pferde, die in dieser Osternacht das torgische Frachtfuhrwerk durch die Wälder und kahlen Ebenen zerrten. Eine Frau wartete am Wagentritt und neigte sich zu Katharina, sie auf den geflochtenen Korbsitz zu heben. Denn Katharina war ein kleines Mädchen, wohl an die fünf Jahre alt. Aber die Frau, die sie umfing, war nicht ihre Mutter, obwohl es ihr einen Augenblick so erschienen war. Die Mutter war ja tot, lange schon tot. So früh in Katharinas Kindheit war sie gestorben, dass die Tochter sich ihrer Stimme, ihres Gesichtes, ihres Wesens nicht mehr zu entsinnen vermochte. Nur dass ihr dünkte, die Mutter sei jung und hochgewachsen gewesen: jünger und größer, als sie in Wahrheit es war.

Der Vater war groß, aber er hielt sich gebückt und war gealtert vor der Zeit. Nun er an der Kutsche harrte, schien er sehr gebeugt. Die Frau, deren Züge blassen und unbestimmten Umrisses blieben und doch zugleich an das Antlitz der Muhme Magdalena, der Siechenmeisterin von Marienthron, gemahnten, sprach in aufmunterndem Tone zu dem kleinen Edelfräulein. Das bedurfte aber keines Trostes: hielt es doch seine erste Ausfahrt mit dem Herrn Vater. Es war lediglich verwundert, dass der Vater auch jetzt nicht fröhlicher werden wollte und weiter so fremd und so fern blieb. Ja, Furcht flößte er der Tochter ein, obwohl nie ein unfreundliches Wort über seine Lippen kam. Wann hatte Katharina ihn anders als bekümmert gesehen? Was ihr aber die Frau in den einfachen Redewendungen einer liebevollen und besorgten Magd beschwichtigend, jedoch in der Nähe des Herrn gar scheu und kaum noch hörbar zuflüsterte, versuchte das Kind vergeblich zu verstehen.

Wenn es nun das Vaterhaus verlassen müsse, werde es dem edlen kleinen Fräulein dennoch wohlergehen, ja besser denn irgendsonst auf Erden? Es seien kluge, fromme, gute und gnädige Frauen dort, die Benediktinerinnen in Brehna? Daheim werde vielleicht mancherlei sich wandeln? Die Frau Stiefmutter halte bald Einzug?

Fremd gingen die Worte an dem Mägdlein vorüber. Sie erfüllten es dennoch mit Furcht. Und nun erst überkamen Katharina Schmerz und Angst vor dem unbekannten Geschehnis. Sie begriff, dass es mit des Herrn Vaters mächtigen und schönen Pferden nicht auszufahren galt. Der Braune sah sie traurig an, so meinte sie.

Die Frau Stiefmutter kam? Davon hatten auch die Brüder manchmal geredet, und die Stirnen der drei Knaben umwölkten sich wie die des Vaters. Dennoch war eine Milde, wie sie noch nie wahrnehmbar war, in der Stim me des stets niedergeschlagenen Vaters gewesen, wenn er von der neuen Mutter sprach. Freilich hatte er sich nur zu den Söhnen gewendet, als erfasse es die kleine Tochter noch nicht oder als sollten sich ihre und der neuen Herrin Geschicke niemals berühren. Darüber war das Mädchen oft schon neugierig geworden; und nun zeigte es sich geneigt zu der Annahme, die Pferde wären eingeschirrt, damit sie, gerade sie mit dem Vater die neue Frau Mutter einhole. Eine schöne, junge Mutter müsse es sein, kam der Tochter in den törichten Kindersinn, obwohl sie den Vater sehr alt wähnte.

„Ins Bitterfeldische", rief der Edle Herr von Bora dem Kutscher zu, als die Pferde anzogen, „ins Bitterfeldische, zum Kloster Brehna!"

Auf der Fahrt redete der Vater nicht mehr; er sprach zu seinem jüngsten Kinde nichts. Nur dass er, was er noch nie getan, Katharinas Hand umklammert hielt. Dabei blickte er aber von ihr weg ins Land.

All dies Ungewohnte bedrückte das Kind, das bis dahin nur in der Obhut seiner Kindermagd aufwuchs, dem Vater und den Brüdern ferngehalten. All das Fremde, das sie an diesem Morgen von überallher umdrängte, ängstete Katharina; und in ihrer Befangenheit wusste sie nichts anderes zu beginnen, als dorthin zu schauen, wohin auch der Vater sah.

Die Felder, Gehölze und Koppeln am Wege ihrer ersten Fahrt lösten sich in der Erinnerung wie helle Inseln aus der Nacht, durch die nun die entwichene Nonne im Frachtwagen des Herrn Leonhard Koppe, des Kauf- und

Handelsherrn von Torgau, dahinfuhr. Das Gesicht des Vaters, die Züge der verstorbenen Mutter, die Gestalten der drei Brüder blieben dem Gedächtnis wie durch einen Schleier verhüllt. Der Schleier war in seiner Zartheit so dunkel und dicht wie der Weiler, den die Nonne unter ihrem Fuhrmannsmantel trug. Jenen Ort jedoch, an dem der Vater das Schweigen unvermittelt durchbrach, sah sie mit jedem Wipfel und Gesträuch klar vor sich. Ja, ihr war gegenwärtig, dass sein Graswuchs dürftig war.

„Bis hierhin reicht Lippendorf", hatte der Vater mit gepresster Stimme gesagt und, wieder verstummend, auf die Pferdekoppel zur Rechten gewiesen. Diese kargen Worte sprach er mit solcher Trauer, als fordere er nicht sein Kind auf, Abschied von der Heimat zu nehmen, sondern als habe er selbst sich von seinem Eigentume gelöst. Wie sollte die kleine Tochter die Miene und Geste verstehen, mit der ihr Vater auf die Grenze seiner Gutsherrschaft deutete?

Eine Umzäunung von aufeinandergetürmten Feldsteinen umschloss die Koppel von drei Seiten. Ein Gatter von rohen, dünnen Stämmen schloss als Zugang das ungefüge Gemäuer zusammen. Die zwischen Erlen, Eichen und Birken grasenden Pferde schienen sich kaum zu bewegen. Doch hörte man das Geräusch, mit dem ihre Zähne die Gräser rupften und zermahlten. An dem Brunnen schöpfte ein Hirte mit dem Holzeimer gleichmäßig Wasser und goss es in den ausgehöhlten Baumstamm, der im Schatten lag. Das Erdreich rundum war dunkel, feucht und von den Pferdehufen aufgewühlt.

Weil nun der Vater an diesem Ort den Namen „Lippendorf" aussprach und von diesem Augenblick an die Fremde es umfing, hatte sich dem Kinde, das aus dem Seinen gehen musste, jene Weide der väterlichen Pferde unauslöschlich eingeprägt. Stärker und klarer als das stattliche Herrenhaus von Lippendorf verband sich ihm die Koppel mit dem Gefühl von Habe und Heimat.

Aus dem Dunkel, der Kühle und Weite des Gutshauses drangen nur die Trauergebete der endlosen Tage, in denen die tote Mutter darin aufgebahrt lag, an Katharinas Ohr. Unruhe hatte danach die Dämmerung des Vaterhauses erfüllt. Viele fremde Männer gingen oft über seine Treppen und durch seine Gänge und Räume. Nur von ferne hörte das kleine Mädchen bei seiner Kindermagd die Schritte bis in seine Kammer. Weilten die fremden Männer im Hause, so verharrten auch die Brüder still auf ihrer Stube. Zu der Schwester kamen sie nie. Sie wussten nicht, dass sie ihnen manchmal von der tiefen Fensternische des engen Gemaches nachsah, wenn sie mit ihren Hunden davonstürmten, sobald die Fremden das Vaterhaus wieder verließen. Der Vater aber war an solchem Tage nicht mehr zu erblicken. Auch wurde dem Mägdlein Katharina seine kleine Schüssel mit dem Mahl und der geliebte blanke Zinnbecher in die Kammer gebracht, die außer einer dicht gefüllten Lade wenig Abwechslung und Beschäftigung bot. In jener Truhe schichtete das Kind mit Eifer die Bündel bunter Tücher und weißen Linnens, wie es die Magd tun sah, und lauschte nach Fenster und Gang. Das graue, hohe Haus mit seinen burgenstarken

Mauern war auch dann ohne Freude geblieben, als es sich zum Empfang der neuen Herrin rüstete.

Später, als abermals fünf Jahre ihres jungen Lebens vergangen waren, kam Katharina zum ersten Male der Name Lippendorf auf die Zunge. Ohne sich dessen bewusst zu sein, stieß sie ihn wie einen Ruf aus. Sinn und Empfindung dieses Rufes vermochte weder sie noch irgendjemand sonst zu deuten. Fünf volle Jahre waren hingegangen, die der Erinnerung nicht mehr verborgen waren in unüberbrückbarer Ferne und unerhellbarem Dunkel. Der fromme, lehrende, sorgende Eifer, der Ernst und die Freundlichkeit der Klosterfrauen von Brehna durchwärmte und durchleuchtete sie. Die mit ihren Klöstern verbundenen Schulen der Benediktinerinnen waren weit und breit berühmt. Durch die Regel des heiligen Benedikt waren die Nonnen zur Pflege der Wissenschaften angehalten, und Katharina von Bora hatte den Segen dieser Regel gespürt. Unter so weiser und treuer Obhut war sie, zehnjährig, vom Kostkind und Schulmaidlein zur Postulantin herangereift, die bereits die Anwartschaft auf eine Pfründe von Brehna erlangte. Aber nun, nach dem Ablauf dieses halben Jahrzehnts, galt es für das so junge Edelfräulein Katharina von Bora, erschreckten, unbegriffenen Abschied von ihren Lehrerinnen und Betreuerinnen zu nehmen. Von Clara, der Klosterschulgefährtin, die ihr lieb war vor allen, musste geschieden sein! Wieder hieß es, vor schwerem, steinernem Tor eine Reisekutsche zu besteigen. Drei Frauen waren von weither gekommen, hielten in Brehna Rast und fuhren mit ihr davon. Über all dem Unerwarteten und Schmerzlichen hatte Katharina auf der langen Fahrt unter der Geleitschaft der drei würdigen Matronen Blick und Rede nicht zu erheben gewagt, bis der eigene Ausruf sie plötzlich aus der Stille riss: „Lippendorf!"

Denn unter Hügeln und Hängen breiteten sich hinter einer Wegbiegung zu beiden Seiten der Fahrstraße weite Pferdekoppeln aus. Da war es über Katharina gekommen, als kehre sie zurück in ein Reich, das ihr vertraut und zugehörig war. Die Ungewissheit und Bedrängnis, mit der die Mitteilung, dass sie in ein anderes Kloster gebracht werden solle, sie bis dahin erfüllt hatte, wichen von ihr.

Die Matronen wiesen Katharina ob ihres Ausrufes nicht zurecht. Sie lächelten sogar, und eine unter ihnen verwunderte sich: „So hat das Mägdlein seine Herkunft nicht vergessen!"

Die beiden anderen erklärten dem Schützling, dass man nicht durch die Ländereien von Lippendorf seinen Weg nehme, sondern bei den Gestüten des Klostergutes von Marienthron und also auch bald am Ziele der Fahrt sich befinde.

Seltsam und eigentümlich erregend für die Nonne war es, dass auch jetzt auf der Fahrt nach vierzehn Jahren in der Dämmerung des Ostermorgens weite Strecken Weideland sich dem ersten bleichen Licht des heiligen Tages wie zur Segnung darboten. Die Pferde standen in ihrem Gehege so regungslos, dass sie in dem morgendlichen Nebel, der die Wiesen und das Weideland erfüllte, nicht zu scheiden waren von dem ungewissen und fließenden Umriss der jungen, niedrigen Birken und Büsche. Ihre Stille berührte zwiefach geheimnisvoll und beinahe unheimlich. Denn die Blicke der Nonne, die erstaunend die Grenzen und Gefilde ihrer Kindheit und Heimat zu umfassen wähnte, vermochten das ruhende Land im Licht und Nebel der Frühe nur wahrzunehmen über den schweren, dunklen, wogenden Rücken der Rosse vor dem Fuhrwerk des torgischen Kaufherrn.

„Wes ist das Land?"

Als sie sich, so fragend, zu Leonhard Koppe vorbeugte, kam es der fliehenden Himmelsbraut ebenso wenig zu Bewusstsein, wie einst dem Klostermägdlein in der Reisekutsche sein jäher Ausruf „Lippendorf!".

Befremdet wandte sich der Rosselenker nach ihr um.

„Ihr habt die ganze Fahrt kein Auge zugetan?"

Dann gab er ihr Bescheid.

„Das Land ist Euch Klosterfrauen zu eigen."

Ohne dass Katharina weitere Auskunft heischte, sprach er dennoch die gleichen Worte noch mehrmals, als spüre er, dass ihre Frage aller Erde galt, die sich fortan vor ihr auftat.

Hatten sie lange Strecken wieder schweigend durchfahren, deutete er mit der Peitsche abermals auf Ackerland und Weidetriften und wiederholte es wie einen Spruch:

„Das Land gehört dem Kloster Marienthron."

Wie ein Kranz zogen sich um die Zisterzienserinnenabtei die Vorwerke, Güter und Dörfer, darin die geistlichen Jungfrauen Herrinnen waren oder in denen einzelne

Bauernhöfe jährlich einen Zins in Geld oder Getreide entrichteten.

Auch Schwester Katharina, wenn sie sich in dem abgeschiedenen, hochummauerten Nonnengärtlein erging, hatte darum gewusst, dass jenseits der Mauer die Häusler und Kärrner aus den Klosterdörfern in den äußeren Küchengärten von Marienthron und auf den nahen Feldern Kraut steckten und umjäteten, Hopfen pflückten, Hanf rauften, riffelten und rösteten. Im Jahrkreis pflügten und säten, mähten, schnitten, banden und droschen sie Gott zu Ehren und den frommen Frauen von Marienthron zu Diensten. Desgleichen war der Nonne nicht unbekannt geblieben, dass die Landleute im angrenzenden Walde dem klösterlichen Höllenheizer Brennholz schlugen. Den Mühlengraben hatten sie freizuhalten von Schlamm und Eis; und im Gehöfte schoren sie die Schafe, an denen das Kloster so reich war. Die Geweihte in dem Frieden der einsamen Nonnenhäuser war manches Mal ergriffen worden von scheuer Sehnsucht nach dem väterlichen Besitztum, das doch für sie nur eine Pferdekoppel war: jene, die ihr der Vater als die Grenze seines Erbes und Eigens gewiesen.

Eingesponnen in die Beschaulichkeit der Klausur und nur dieser bestimmt bis an das Ende ihrer Tage, begehrte sie, teilhaben zu dürfen an dem mühevollen Werk des Landvolks. Ja, es geschah, dass sie nach der Geschäftigkeit der Laienschwestern, die um Gottes willen und ohne Entgelt dem Kloster dienten, und selbst nach der Arbeit der Kochmagd in der Klosterküche und in den Gesindestuben verlangte. Freilich verwehrte sie es sich streng, denn ihr war aufgetragen, für die Seelen derer zu beten, die in der Erde ruhten oder die Felder, Gärten und Häuser auf Erden bestellten.

All das ländliche und häusliche Tun und Treiben, dessen sie um das Kloster gewahr wurde, war jedoch auf einen Umkreis begrenzt gewesen, den der Blick der Ehrwürdigen Mutter von den Bogenfenstern ihrer Gemächer aus erreichen mochte.

Nun aber war das Fuhrwerk des torgischen Kaufherrn viele nächtliche Stunden hindurchgefahren: und immer wieder trug sie klösterliche Erde; und immer noch ward dem Kloster gedient. Wo war die Welt, die jenseits klösterlicher Gefilde jener harrte, die sich in dieser Nacht für Zeit und Ewigkeit von den Schwestern zu Marienthron trennten? Wo war die Welt?

Das Nachtgewölk verwehte. Die Dämmerung zerlöste sich in graues, weiches Morgenlicht. Weiten, die sie bis dahin nie zu ahnen vermochte, taten sich vor der Nonne auf. Weiten waren es, die nicht mehr als eine Landschaft der Erde erschienen. Ein Gefilde des Todes war es, das kein Auferstehungsmorgen mehr zu neuem Leben erweckte.

Am Rande dunkler Moore ragten abgestorbene Bäume in das Zwielicht. Ihre Äste waren gebrochen und verkrüppelt. Nicht mehr die Säfte des Lebens, sondern den Tod sogen sie aus dem Grunde der Erde. Sobald die Wurzeln das Wasser der Tiefe erreichten, siechten sie hin. Andere standen zu Baumgerippen, Baumgespenstern erstarrt.

Wieder andere waren umgestürzt und halb verschlungen von braunem, trägem Gewässer, halb umfesselt von Schlangenmoos: gefällte Riesen auf einem Schlachtfeld, von dem um seines Grauens willen selbst der Sieger wich.

Wie die Spitzen versunkener Lanzen stachen die rostroten Adlerfarne aus dem Moor. Und blasses Rohr stand unbewegt und kahl gleich den des Tuches beraubten Fahnenstangen eines vernichteten, in die Finsternis des Todes hinabgestiegenen Heeres. Nur ein Baum grünte über Winter, Leere und Verwesung. Wo das Wasser moorig versumpfte, hatte die Eibe, der düstere Todesbaum, sich verwurzelt. Denn Fäulnis im Wurzelgrund macht ihr Holz hart wie Erz und gibt dem Todesbaume tausendjähriges Leben.

Fischadler und Kraniche umflogen die Eiben. Der dunkle Milan stieg zum Raube auf. Der Sperber stieß auf seine morgendliche Beute zu. Im Schilf des Schwarzen Grabens klagten Rohrsänger und Ammern. Sanft und wiegend strebte die Rohrweihe zu den Teichen, in deren reinerem Wasser die Ostersonne sich klarer spiegeln sollte. Zur Sonne, die noch ferne war, zog sich der Fahrweg nach Torgau am Rande des Moores hin; ostwärts verlor er sich in endlos scheinende Heide. Auch deren graue Verlassenheit musste durchmessen sein. Die Räder des Fuhrwerks wühlten sich durch den Sand. Als die Pferde vor den gewaltigen Steinen alter Hügelgräber stockten, ächzten die Räder, wie wenn die Speichen brechen wollten. Waren Gräber, aus mächtigen Blöcken aufgeschichtet, das erschreckende Ziel der mühevollen Flucht? Eine riesige, übermooste Eiche überragte die Stätte. Von ungezählten Blitzen waren Stamm und Krone ihr gezeichnet, die Rinde zerschält. Jahrhunderte schon, seit sie den Keil des ersten Blitzes ertrug, trotzte die Eiche dem Tode; und verfiel ihm doch mit jeder Stunde.

Die dürren Kiefernwälder, die das Heideland umschlossen und das Gefährt des Kaufherrn aufnahmen, drohten, so dunkel, als verschlängen abermals die Nacht und der Schatten des Todes die Jungfrauen und ihre Retter. Die Lichtungen des Waldes glichen Wunden. Von unkundiger und gieriger Hand, die nicht von siedelnden Mönchen und Nonnen gezügelt und geleitet war, wurden sie einst geschlagen und gähnten nun als wüste Marken. Dass die Nonne Katharina von Bora solchen Frevel wahrnahm, verwunderte Leonhard Koppe. Es erfreute sein Herz. Denn der Handelsherr führte im Wappen eine Pflugschar. Aber die Nonne neben ihm erschauerte: eine verlassene Birke wuchs verkrümmt zwischen Kiefern. Ihre Borke war rissig. Im zerzausten, wirren Schopf ihrer wehenden Zweige hingen Wurzelgespinste. Ihr Wuchs war entstellt; denn die Birke verkümmert, wo Leben und Lachen nicht zu ihr findet. Ja, zum Lustbaum lästerlicher Teufelsbuhlschaft ist sie verflucht. Die Himmelsbraut bekreuzte sich. –

Aber da leuchteten durch die kahlen Stämme des starren, toten Waldes junge, geschmeidige Birken, gesellig, wie es ihre Art ist, am Ufer eines Baches geschart. Wo nicht mehr trübe Moorlache stand, sondern klares Wasser rann und floss, drängten sich die ranken, hellen Stämme, immer der Sonne und dem Leben zugekehrt. Noch die Stunde, da man sie fällen kam, sollte voller Freude sein und die Silberweißen in jungfräuliche Maibäume zu pfingstlicher Feier verwandeln.

In der Osterfrühe aber – als der Wind sich erhob, der das Morgenlicht ankündete – pilgerten junge Mädchen und Frauen zu den bräutlichen Bäumen, obwohl ihre zarten Zweige noch nicht grünten, sondern noch kahl über weißem Stamme wehten wie der schwarze Schleier über dem weißen Kleide der Nonnen. Die Freudentränen ersten Birkensaftes, des süßen und herben, so glaubte es das Landvolk rings, wusch alle Gebresten vom Leib der Jugend wie des Alters. So er an diesem heiligen Morgen vor Sonnenaufgang geschöpft war, machte er die Gesichter der Mädchen blank und schön. Und denen, die zu dieser Stunde davon tranken, schenkte er Fruchtbarkeit. Darum hatten sich die bäuerlichen Jungfrauen und Frauen im österlichen Morgengrauen aufgemacht. Krüge und Näpfe in Händen haltend, begegneten sie dem Gefährt. Wie sollten sie ahnen, dass es neun Geweihte barg, die in der vergangenen Todesnacht des Heilands, die Flammenschale tragend, aus den Klostergärten von Marienthron getreten waren und den Namen der Himmelsbräute abgelegt hatten wie ein Totenhemd, darin sie dieser Welt erstorben gewesen?

Als sie die Frauen nahen sah, drängte es Katharina von Bora, ihnen lächelnd die Arme entgegenzustrecken. Sie wähnte sich dem Tode entronnen und fand Schwestern auf Erden! Ihr Herz rief ihnen zu: „Lasset uns freuen und fröhlich sein und Ihm die Ehre geben! Denn die Hochzeit des Lammes ist gekommen, und sein Weib hat sich bereitet. Und es ward ihr gegeben, sich anzutun mit reiner und schöner Leinwand."

Aber um ihre Schultern lag der schwere Fuhrmannskittel; und die große Leinwand der Plane verbarg sie auch fernerhin, als das Fuhrwerk ländliche Frauen überholte, die das Osterwasser schon heimwärts trugen. Auch hatten viele unter ihnen Birkenzweige abgebrochen. Die wollten sie am Auferstehungsmorgen weihen lassen, um sie später auf den neu umgepflügten Äckern zwischen die Furchen der Felder zu stecken. Wenn sie die Reiser in der jungen Saat verwelken ließen, so würde dereinst im Erntemond das Korn voll und golden zur Tenne einfahren. Vornehmlich fruchtbar aber dünkte ihnen das jungfräuliche Reis für das Flachsfeld, das Erntefeld magdlichen Fleißes. Birke und Flachs, so meinten die redlichsten der Frauen, gehörten zusammen wie schweifender Mädchensinn und häusliche Frauensorglichkeit.

Und wirklich war des Sommers hier ein Flachsfeld, ganz nahe, wo der düstere Kiefernwald sich in freundliche Fichtengründe auflöste und Pappeln, Erlen und Weiden einen Wiesenstreifen säumten. Zaunkönig und Goldhähnchen, sein noch kleinerer Genosse, flirrten darüber empor. Ihr leiser Ruf war an diesem Auferstehungsmorgen der einzige Vogelgesang. Denn nur diese beiden Zarten, Federleichten hatte der harte, östliche Winter nicht zu vertreiben vermocht. Sie ahnten den Frühling und Ostern, obgleich der Himmel, kaum dass er sich rötete, von grauem Gewölk verhängt ward, noch ehe die Sonne über den vom Regen zerwühlten, lachenbedeckten Äckern emporstieg.

Hinter dem Flachsfeld grünte Wintersaat. Noch war es nur ein bleicher Schein über dem Erdreich, aber alljährlich war er erster Lohn der menschlichen Mühsal.

Regelmäßig und gerade wie die Furchen der Felder waren saubere, wenn auch schmucklose Dörfer in dichten Reihen angelegt. Alle erdenkliche Fürsorge war an ihren Wohlstand und an ihre Sicherheit gewendet. Torhäuser bewachten die Zugänge.

Leonhard Koppe lenkte sein Gespann auf einen schlechteren Weg, der jene Dörfer umging. Nur die torlosen Dörfer, deren Hütten sich um den breiten Dorfanger scharten oder den Gutshof im Viereck oder Kreis umschlossen, durchfuhr er.

„Es sind Klosterdörfer, edles Fräulein", erläuterte er der Nonne Katharina abermals bedeutungsvoll. „Auch dieses Land ist Eigentum der Frauen von Marienthron."

Die Nonne, die sich eben anschickte, das Nahen des Ostermorgens mit einem Dankgebet zu grüßen, blickte den Kaufherrn fast erschrocken an.

„Herr", sagte sie, „schrieb nicht der heilige Basilius: ‚Wer sich vorgenommen, dem Herrn Christo zu folgen und zu diesem Stand des Lebens eilet; wer von Besitzung aller zeitlichen Güter wie auch von allen Sorgen dieser Welt frei ist, der ist wahrlich wunderbar und selig zu nennen'?"

Forschend betrachtete der Kaufherr die geistliche Jungfrau. Er freute sich des Scharfsinns ihrer Frage. Aber als er den gequälten Zug um ihren Mund, die grüblerische

Falte auf ihrer Stirn sah, spürte er, dass ihre Frage nicht der Schärfe des Nachdenkens, sondern der Not des Herzens entsprang.

„Herr", fuhr Katharina von Bora in steigender Erregung fort und wies auf das tote Land, aus dem sie kamen, und auf die reinlichen Dörfer und wohlbestellten Felder, die vor ihnen lagen, „ist es nicht gut, dass unser Orden und nach seinen Regeln auch unser Kloster die Sorgen dieser Welt auf sich nahm?"

Die Nonne nannte Orden und Klöster die ihren; sie vergaß die Trennung, die vollzogen war. Ja, eine stolze Empfindung durchzog ihr Herz und ließ sie in den Ausruf ausbrechen: „Ist es nicht so, dass überall, wo die Hände der Mönche und Nonnen nicht wirkten, Öde und Wüstenei ist, und Ordnung und Wohlstand sich zeigen, wo wieder die Spuren des Klosters beginnen?"

Der Kaufherr lächelte.

„Dies ist der erste Anblick, den die Welt Euch bot, edles Fräulein."

Die Worte flogen an Katharina von Bora vorüber; kaum nahm sie wahr, was Koppe sprach, so völlig hatten sich ihrer Gedanken bemächtigt, wie sie den Sinn der Geweihten noch niemals durchzogen.

„Herr", drängte sie in ihren Beschützer, „was ist um das Eigentum? Ist uns nicht in unseren Ordensregeln eingeprägt, dass das Laster des Eigentums beflecke? Ja, ward es uns nicht als das Schlimmste und Verdammlichste und als ein Netz des Teufels genannt? War es nicht darum bei Strafe der Exkommunikation untersagt, Geschenke, die den Schwestern von Freundschaft und Verwandtschaft ins Kloster gesandt oder gebracht wurden, als Recht zu beanspruchen? Mussten nicht darum die Konventualinnen alle solche Gaben der Äbtissin reichen und demütig von ihr das Nötige begehren? Herr, und nun finde ich allenthalben klösterliches Besitztum und sehe, wie spürbarer Segen auf allem ruht, das dem Kloster zu eigen ist?" Leonhard Koppe ließ die Zügel loser hängen. Den erschöpften Pferden tat es wohl. Es durfte gemächlicher gefahren sein. Sie waren ja den torgischen Grenzen nun nahe. Was sollte der Wagen noch rütteln und schütteln? Was mussten die Ketten noch klirren? Er wollte ungestörter hören, welch wunderliche Fragen des eben noch geistlich gewesenen Fräuleins sich schier überstürzten. Vergessen waren die Zweifel der Ordensfrau. Das Neue hatte sich ihrer bemächtigt. Es lohnt wohl, den Fragen zu lauschen und sich seine Gedanken darüber zu machen, nun er einen Planwagen voll Himmelsbräute in die Welt hineinlenkte. Es sollte nur einer die Klosterjungfrau hören – beredt, als habe sie sich in allen Künsten der Rede und nicht im Schweigen geübt! Ob die Ländereien, die Äcker und Wiesen zwischen dem Fluss und den Hügeln dem Kloster wohl reichen Ertrag brächten? Ob es noch viele Güter gebe wie das Klostergut zwischen dem schattigen Wald und den sonnigen Feldern von Marienthron? Oder seien die anderen geringer und kleiner? Ob er schätzen oder gar zuverlässig sagen könne, wie viele Knechte und Mägde, Hirten und Hirtinnen auf den Weiden und Äckern, in den Ställen und Scheuern in klösterlichem Dienste stünden?

Es war, als ob die Nonne, vom Kloster geschieden, noch einmal ganz von ihm im Geist Besitz ergreifen und rege und klug es kennen und bewerten lernen wolle, auch in jenen Bereichen, die ihr verschlossen geblieben waren. Aber was auch immer sie zu erfahren begehrte: immer klang in ihrer Stimme heimliche Sehnsucht nach dem Wesen dieser Welt mit.

Der Schützer und Entführer verstand die Himmelsjungfrau, die zur Erde heimkehrte, gar wohl. Er spürte den tieferen Sinn ihrer Fragen und sprach ihren eifrigen Erkundigungen Mut zu, obwohl sie dessen nicht mehr zu bedürfen schien. Ja, er fühlte sich ihr zu jeder Erklärung schuldig, als sei sie die Herrin eines Landes, das ihr als Erbe anheimfiel und dessen Grenzen sie zum ersten Mal betrat.

Und so erfuhr das wissbegierige Klosterfräulein, dass es sich in diesen weiten fruchtbaren Auen, die nun nicht mehr durchbrochen wurden von sandiger Heide und sumpfigem Moor, auf dem ältesten Eigentum der geistlichen Frauen von Marienthron befände. Durch fromme Schenkungen oder eigene Ankäufe sei das Kloster vom Amt und Stadt Torgau, wo es von Fürstenhand gestiftet und gegründet, über das liebliche Grimma bis hin zum stillen Nimbschen gewachsen. Welch Dorf und Vorwerk und Gut es auf seiner zweieinhalb Jahrhunderte währenden Wanderschaft berührte, die seien sein Eigen geworden, wie der Gutshof des Ritters Hartung von Rideburg zu Nimbschen. Freilich würde solchen Wachstums jetzt ein Ende sein, und manches verspreche anders zu werden.

Gar viele Zeichen deuteten auf einen großen Wandel hin. Jedenfalls, fügte er veränderten Tones hinzu, lauere aber in dieser Stadt, die dem Kloster einst so eng verbunden, keine Gefahr für die Flüchtlinge.

Der torgische Kauf- und Ratsherr ließ es sich angelegen sein, der klugen Nonne von Marienthron Kenntnis zu geben von den Umständen, die ihre und der Schwestern Flucht nach seiner Stadt als einem rechten Hort des neuen Evangeliums geraten scheinen ließen. Denn die Stadt seiner Gründung sei dem Kloster nun vorangegangen und weit vorgedrungen in die neue Zeit.

Nun er von der Stadt sprach und sich dem Ziele nahe wusste, griff der Kaufherr wieder fester in die Zügel, so sehr er sich bemühte, die Pferde zu schonen, wo es nur irgend vergönnt war. Doch der Weg war hier breiter, lehmiger und fester. Hufe und Räder schlugen wieder hart auf.

Der Nonne war es noch nicht genug an Mitteilung und Erläuterung. Noch hatte sie ja nicht erfahren, ob das Landvolk zwischen Torgau und Nimbschen dem Kloster Marienthron die Wohlfahrt danke, die es allem Lande rings erwies.

„Die Rotte nachts im Walde – es konnten auch Kloster-, es brauchten nicht Herrenbauern zu sein." Leonhard Koppe zögerte, bevor er fortfuhr: „Manche nennen nicht Wohltat, was ihnen von Eurem Kloster widerfährt. Klosterfron ist nicht mehr Gottesdienst. Den Acker für einen Oberen zu bestellen, er sei weltlich oder geistlich, gilt nicht mehr als Gottes Wille."

Mutete nicht grimmig an, was der Torgauer Ratsherr sich danach beinahe widerwillig abrang? Verfocht er nicht plötzlich die Sache des Klosters, dessen Nonnen er als Raub davonbrachte?

„Neuerdings, edles Fräulein, sind die Bauern zu klug und stolz geworden, um immer nur zu danken. Sie fordern. Weise Lehren führt heute der Landmann im Munde – der Himmel weiß, wer sie ihm eingab! –, weise, gar weltkluge Lehren. Hört nur den Häusler, den Kärrner, den Tagelöhner jetzt mit Herren und Oberen, den Oberen auch eines Klosters reden! Wer hat es ihm aufgesetzt und eingelernt, dass er es nur so daher spricht wie das Paternoster: Leistungen, die ursprünglich freiwillig um Gottes Lohn dargeboten worden wären, hätten sich durch Druck des Klosters und stumpfe Gewöhnung des Landvolks in harte Fron verwandelt, die sie nicht mehr zu ertragen gewillt seien und wider die sie aufbegehren müssten nach Gottes und der Menschen Recht. So weiß es der Bauer seit Jüngstem. Und seine Stimme hat Gewicht! Die Antoniterbrüder von Lichtenberg, die auf der weißen Düne elbwärts bei Prettin, haben – Gott zu Lobe! – ihren Orden aufgelöst und ihren Landbesitz unter die Bauern verteilt; geschah's aus Menschenfurcht? Wann wird der letzte Acker und Wald von den neuen Herren verzehrt und verprasst und verspielt sein? Die Bauern Eurer Klosterdörfer, Jungfrau, geben sich nicht damit zufrieden, dass sie Eurer Ehrwürdigen Mutter diese und jene ihrer zwölf Fronden abtrotzten. Euer Propst hat sich nach Rat und Hilfe umtun müssen. Um Beistand hat er gerufen, Beistand gegen das Wittenberger Evangelium, das die Bauern aufsässig mache –"

Die Peitsche schnitt durch die Luft. Die Nonne erschrak.

„Herr, die Felder und Weiden können doch über Gottes Wort ihren Segen nicht verlieren?"

Herr Leonhard, eben noch grollend, lachte auf. Aber er lachte vor Verwunderung und schüttelte den Kopf.

„Nönnlein, Nönnlein, Ihr seid wahrhaftig eines Landedelmannes Tochter, wie wenig Ihr auch von Euch und Eurer Herkunft und – Zukunft wissen mögt! Wie seid Ihr eine Himmelsbraut geworden?"

Da fiel die Beredte wieder in Schweigen.

Sie senkte den Kopf. Doch sammelte sie sich bald zu entschiedener und gefasster Antwort, wenn auch vergangene Unruhe und Qual in ihrer Stimme nachbebten.

„Herr, den Meinen war es Notwendigkeit um ihres Glaubens und um ihrer Armut willen. Mir ward es Unmöglichkeit. Unmöglichkeit, Herr, hat es der Doktor Martinus zu Wittenberg genannt."

So leise Katharina von Bora auch sprach und obwohl sie sich von ihm abwandte – ohne dessen inne zu werden –, ermahnte der Kaufherr sie nicht, lauter zu reden, damit sie das Lärmen der Fahrt übertöne. Er wollte den stolzen Lippen und den schwermutsvollen, großen braunen Augen ihr letztes Geheimnis nicht abringen.

Aber die Nonne hat es ihm mit den Worten des Wittenbergers bekannt. Dem Torgauer waren sie längst nicht mehr fremd; sie galten ihm als Zeichen heimlichen Bündnisses.

„Ein Gelübde", sagte Katharina von Bora und wurde zum Munde Lutherischer Lehre, „wenn es auch schon in allen Stücken göttlich und recht, ist, so es unmöglich ward, kein Gelübde mehr – und bindet auch nicht gegen Gott."

Der Ratsherr, Kaufmann und Nonnenräuber war bewegt. Mit solcher Ergriffenheit und Erschütterung hörte er das Wort „unmöglich" noch von keinem Menschen sprechen. Mit kräftiger Rede trachtete er nun erst recht, der entwichenen Nonne zu ersparen, dass sie ihm mehr von ihren Leiden, Kämpfen und Entscheidungen offenbare. „Ja, edles Fräulein", – er erhob die Stimme –, „zwei Jahre ist es her, dass Doktor Martinus dies aus seiner ‚Wüstenei', von der Wartburg droben, im Buche über die Klostergelübde schrieb – nach mancher anderen Schrift, für euch Mönche und Nonnen gedacht. Und nun ist's auch zu Euch gedrungen; und Eurem Latein macht es Ehre, dass Ihr es so verstanden habt; und nicht nur Eurem Latein. Dies Büchlein machte vieler Bande ledig und befreite viel gefangene Herzen!"

„Ja, gefangene Herzen!", wiederholte hauchend die Nonne, versunken in schwere Erinnerung. „Wie hat Doktor Martinus sich der gefallenen und geängsteten Gewissen angenommen! O Herr, was hat er uns geschenkt! Wann, ehe er es schrieb in unser aller Geist und Sprache, hätte ich die dunklen und geheimnisvollen Worte des Neuen Testamentes verstanden: ‚Er ist aufgefahren in die Höhe und hat das Gefängnis gefangengeführt und hat den Menschen Gaben gegeben'?"

„Dass er aber aufgefahren ist", fiel Leonhard Koppe mit den nächsten Worten des Briefes Pauli an die Epheser ein, „was ist's, denn dass er zuvor ist hinuntergefahren in die untersten Örter der Erde?"

Und die Nonne, wie in einem österlichen Responsorium, vollendete in wachsender Freude: „Der hinuntergefahren ist, das ist derselbe, der aufgefahren ist über alle Himmel, auf dass er alles erfüllte."

So geschah es, dass sie, die so begierig nach den Äckern der Erde gefragt hatte, dennoch mit Gottes Wort im Herzen und auf den preisenden Lippen den ersten Glockenton des Ostergeläutes vernahm. Von Torgaus Türmen trug der Morgenwind es entgegen. Sie waren nahe der Stadt. Aber unversehens musste der Planwagen noch einmal anhalten. Doch war es fast wie eine feierliche Rast. Ein Lamm stand mitten im Wege.

Wohl trug es nicht die Siegesfahne des Osterlamms. Aber dem frommen Auge wehte sie strahlend im Frühlicht.

Ohne Scheu, beseligendes Bild noch mehr denn Wirklichkeit, verharrte das Lamm und sah seinem Hirten entgegen. Der schritt langsam herbei, umringt von den Schafen, als trüge ihn ein Gewölk. Er schien umschwebt von der Wolke der Zeugen, von der die Heilige Schrift sagt. Wie eine Schar heimlicher Gefährten des Gebets umgab sie ihn.

Denn in der wunderreichen Morgendämmerung, als der Osterfürst aus der Nacht des Todes emporstieg, hatte der Hirt nahe bei dieser Stätte gebetet.

Eine Kapelle vor der Stadt rief alle, die da schieden und kamen. Ein enges Gewölbe war's. Am Wiesenstreifen zwischen dem gewundenen Lauf des immer nächtigen Schwarzen Grabens und den alten Bäumen unter Torgaus Mauern hatten es unbeholfene, doch treue Hände aus groben Feldsteinen gefügt. In diese Kapelle trugen um die Auferstehungsstunde schwangere Frauen der Stadt ein Osterlamm. Das sollte ihnen leichte Geburt und ein gesegnetes Kindbett erwerben. Und an dieser Wundertat, dem seligen Opfer des Lammes, zweifelten die hoffenden Frauen nicht, so verdammt alles trügerische Wunder zu Torgau an diesem Osterfeste auch war. Sie brachten, wie es von langen Jahren her geschah, jede ihr Lämmlein zum Altar. Den Hirten, von dem die eine und die andere ihr Lamm noch an der schmalen Pforte der Kapelle erwarb, hatten die Beterinnen in ihrer Mitte geduldet. Wie der Hirten einer im Stalle von Bethlehem hatte er in der Osterfrühe unter den Frauen gekniet, als sie das Agnus Dei dem Osterglanz entgegenhoben, der über ihren Häuptern anbrach und in ihre Herzen fiel, auch wenn der heilige Morgen dieses Jahres kühl und trübe war.

Als er des Hirten ansichtig wurde, trat ein dunkles Leuchten in Herrn Leonhards graue, kühle Augen; und seine Stimme war verschleiert, nun er, der sonderbaren Fracht in seinem Fuhrwerk gedenkend, mit den Worten des Evangeliums betete, was ihm noch nie beim Beten eingekommen war: „Der Gott aber des Friedens, der von den Toten ausgeführt hat den großen Hirten der Schafe durch das Blut des ewigen Testaments, unsern Herrn Jesus, der mache euch fertig in allem guten Werk, zu tun seinen Willen, und schaffe in euch, was ihm gefällig ist, durch Jesum Christum; in welchem sei Ehre von Ewigkeit zu Ewigkeit! Amen."

Hatte der Hirte jenen österlichen Gruß vernommen? Er hob mit beiden Händen seinen runden Hut vom Haupte und drückte ihn gegen die Brust. Doch sein Blick ging nicht zum Planwagen, sondern zu den Türmen hin. Die waren wie ewige Zeichen am Saum des Himmels und der Erde aufgerichtet. Gleich ernsten, dunklen und doch so herrlichen Lettern: das A und O des Neuen Testamentes, standen die Türme von Torgau vor dem sonnenlosen Osterhimmel der kahlen nördlichen Ebene. Dem Hirten, dem Kaufherrn, der Nonne waren sie wie die steilen, großen Buchstaben einer Himmelsschrift; und die Dächer der Menschenhäuser unter ihnen glichen den engeren und niedrigeren kleinen Lettern eines heiligen Spruches. Den verstand auch der ungeübte, aller gelehrten Kunst unkundige Hirte zu lesen. „Rettung" hieß das Wort des Heils in diesem Spruch.

Dank durchströmte die Nonne. Sie war in ein größeres, mächtigeres und unzerstörbareres Reich gerettet als nur in die schützenden Mauern der sächsischen Kurfürstenstadt! Wiederum nahm aber auch der Anblick der irdischen Stadt ihre Sinne für Augenblicke ganz gefangen und erfüllte sie mit liebendem Erstaunen; sah sie doch noch nie zuvor eine Stadt.

Damit sie in dem weiten, leeren Lande die Festen des Himmels berühre, war Torgau, die Stadt, auf einen Porphyrhügel über dem steigenden Ufer der kühlen, schimmernden Elbe gegründet. Auf dem Felsen aber, der sich nur um ein Geringes über das Erdreich erhob, ragte ein Schloss, das noch die Kirchen überschattete und über die ganze Stadt erhoben war wie eine königliche Krone. Was sein Name kündete, das deutete und rühmte der torgische Rats- und Kaufherr der geistlichen Jungfrau als Willkomm und Trost.

Hartenfels – ein Name war's voller Stärke und Macht. Herberge und Zuflucht gewährte er wie der Burgpallas, den seine Ecktürme nach Morgen, Mittag, Abend und Mitternacht schützten. Solch Name machte aber auch von Furcht und Bangnis frei, dass man fröhlichen Auges zu den zierlichen und schlanken Türmen empor sah, die sich aus den breiten, schroff abstürzenden Mauern lösten. Der Glocken- und der Wächterturm waren zwei genannt; der Name manch anderen Turmes blieb für den Fremdling von Geheimnis umwoben. Rund und massig, gedrungen, kantig und eckig umwehrten und stützten Türme über Türme den steinernen Wall. Die Trümmer Torgowes, der alten Burg, waren in seine Feldsteine und Porphyrbrocken eingemauert.

Nahe der Felsenhöhe vor dem Schlosse, die sie zu Torgau als die wintergrüne priesen, tat sich der Markt auf: weit, offen und ebenmäßig, wie Winkel und Messband es forderten. Die reichen, frei ragenden Giebel des Marktes waren hoch über die anderen Häuser erhöht, die – schmal, schlicht und trotz des steilen Daches gar niedrig – sich nahe zueinanderdrängten, als vermöchte keines ohne das andere zu bestehen.

Vom Markte her wanden sich durch breite, mit hohen Spitzen und Dächern prunkende Tore die Straßen zu dem tiefergelegenen und ärmeren Teile der Stadt hinab. Sankt Marien, die Basilika Sankt Nicolai, die Waisenkirche, das uralte Gebäude des Franziskanerklosters, seine junge Kirche und die Spittelkirche Sankt Jacobi und zum Heiligen Geist umschlossen die steinernen Wege der Menschen mit einem Walde von Türmen. Das stille Gotteshaus der Alltagskirche in einer abgelegenen Senkung verklärte auch jeglichen Werktag der Bürgerschaft: eine Hütte Gottes tief unter den irdischen Hütten der Stadt.

Die Häuser der unteren Gassen von Lehm und Balkenwerk, strohüberdacht und oft wirklich nur Hütten, duckten sich unter die halbrunden Weichhäuser der Stadtmauer, die abermals so stark war wie der Wall der Burg. Bruchstein stemmte sich gegen Bruchstein; Backsteinzinnen leuchteten rötlich über dem gelblichgrauen Gemäuer. Die drei runden Türme Torgaus – Wolken lasteten auf ihnen – waren wie die Pfeiler einer Brücke, die sich in die verhüllte Weite verlor und fern dem Menschenauge gen Himmel stieg.

Ihr irdisches Abbild, spannten sich die Träger einer Brücke, hier noch von Holz und dort schon von Stein, halb abgetragen und halb neuerrichtet, über den Elbstrom. Seine Wasser wuchsen von geschmolzenem Schnee und dem kalten Regen erster nördlicher Frühlingstage; sie rissen in kreisenden Strudeln an dem Werk der starken Hände. Zu dem umbrausten Brückenkopfe hatte sich gar tröstlich die Kapelle der heiligen Anna gesellt. Als Nothelferin in aller Wassersnot hatten die Bürger Torgaus die Heilige bis zu dieser Frühjahrsflut in Ehren gehalten, dass sie alle Gefahr von denen wende, die, das Land bestellend, des Flusses Herr werden mussten, und dass sie jene behüte, die den Strom am Ufer vor der Stadt auf Fähren überschritten.

Auch hatte man, bis alles Heil allein in Jesus Christus gesucht ward, Wallfahrten von weit her zum Heiligen Kreuz von Torgau unternommen, dem rettenden und heilsamen Zeichen, das die Kreuzkirche der Barfüßer vor dem Spitteltor, die auch die Schöne Kirche genannt war, für die Wundersüchtigen des sächsischen Landes verwahrte. Dessen wurde zu dieser Osterzeit kaum noch gedacht, obwohl die Barfüßer zum Heiligen Kreuz noch bis auf diesen Tag die Pilgergabe des Blechleins mit dem Kreuzeszeichen und den Steinschwertern bereithielten. Ein größeres Wunder war in dieser Stadt offenbar geworden; wie einst von Bethlehem ins Heilige Land, war Gottes Wort von Wittenberg in Torgaus Gebiete gedrungen! Dennoch barg das Gotteshaus der Barfüßer ein Heiligtum für viele fromme Herzen: das Grab des Herrn war in die Mauer gegen Sonnenaufgang eingesenkt. Stein für Stein war es dem Felsengrabe im Garten des Joseph von Arimathia nachgemeißelt, so wie es der Sachsenkurfürst, Herr Friedrich der Weise, auf seiner Pilgerfahrt in dem Gelobten Lande mit seinen Händen betasten und mit betenden Lippen benedeien durfte.

Der Nonne Katharina war es wundersam, als sie von ihrem Räuber und Retter erfuhr, dass sie in der Osternacht von Grab zu Grabe geflüchtet sei, als sollte sie im Kreuzgang von Marienthron den Herrn in dem Felsengrabe beweinen und in der torgischen Kirche als Zeugin seiner Auferstehung vor seinem leeren Grabe stehen.

Da kam ihr aus der Fülle und Bewegtheit dieser Morgenstunden der Gedanke, der Porphyrfels, der die Stadt, das Schloss und die Kirchen dem Himmel entgegenhob, sei jener Stein, der von des Grabes Tür gewälzt ward. Es dünkte ihr, sie werde seiner ansichtig wie die Frauen in der Osterfrühe, als sie kamen, Jesum, den Gekreuzigten, zu salben und seinen Leichnam nicht fanden. Der Porphyrfelsen ward ihr ein Felsen des Heils. Boten des Friedens, himmlische Stimmen kündeten von seiner Höhe: „Fürchte dich nicht, glaube nur!"

Mit einem Male, bebend von der Morgenkühle und den harten Mühen, den drängenden Ängsten der nächtlichen Fahrt, wähnte sie, es müsse gut sein, in dem Schoße dieser gottgeweihten Stadt zu ruhen: dem Kloster entwichen, in ihr den ersten Schlaf zu tun und noch den letzten Schlaf in ihr zu finden, aus dem dereinst der Osterfürst sie erweckte.

Voller Sehnsucht drängte ihr Herz den Toren Torgaus entgegen. Die Pferde stemmten sich in die Gurte. Sie zogen den Wagen der Stadt zu. Die Nonnen unter der Plane fielen zaghaft in das Loblied ein, das Leonhard Koppe selber angestimmt hatte, damit die Himmelsjungfrauen es wüssten, dass sie im Himmel und auf Erden gerettet seien und die irdische Stadt sie hilfreich berge:

„Christ ist erstanden
von der Marter alle!
Des solln wir alle froh sein,
Christ will unser Trost sein. Kyrieleis.

Wär er nicht erstanden,
so wär die Welt vergangen;
seit dass er erstanden ist,
so loben wir den Vater Jesu Christ. Kyrieleis."

Katharina von Bora, versunken in das immer klarer wer-
dende, immer greifbarere Bild der Türme, Tore und Zin-
nen, war verstummt in übermächtiger Ergriffenheit. Nur
das „Kyrieleis" hauchte auch sie mit.
Die Helfershelfer, Leonhard Koppe der Jüngere und
Wolf Dommitzsch, schlugen die Plane des Frachtfuhr-
werks zurück. Mit den Nonnen, nur mächtiger als sie,
jauchzten sie der Stadt entgegen: „Halleluja, Halleluja,
Halleluja!"
Da versagte der neunten, die sich unter die acht Verschworenen gedrängt, die Stimme.
Aber ihr Herz sang mit den Schwestern und den Rettern:

„Des solln wir alle froh sein,
Christ will unser Trost sein. Kyrieleis."

Wie wenn eine Obere, Äbtissin oder Priorin, ihnen gebö-
te, nahmen die neun Jungfrauen die Fuhrknechtsmäntel
von den Schultern. Der Morgenwind ließ ihre schwarzen

Schleier wehen, dass von ihren weißen Kleidern ein helles Licht um den grauen Planwagen leuchtete.

Die Torflügel sprangen auf.

Gabriel Zwilling, der zu Torgau das Evangelium verkündete, trat aus der Stadt. Der Einäugige hob sein gezeichnetes Antlitz dem nahenden Gefährt entgegen, wie wenn ein Heiliger der alten Zeit ein himmlisches Wunder erblickt. Sein lebendes Auge loderte von Flammen der Seele.

Katharina von Bora, von einer Erregung überwältigt, von der sie nicht wusste, ward nicht gewahr, dass sie, des Rosselenkers Nächste, ihm in die Zügel griff, noch ehe er den Nonnenwagen zum Halten gebracht.

Im weißen Gewande stand sie hochaufgerichtet über den drei Pferden, dem Rappen, dem Falben und dem geduldigen Braunen. Die Osterglocken dröhnten vom Heiligen Kreuz, von Sankt Marien und Sankt Nicolai. Sankt Annas helles Geläut jubelte vom Ufer herüber.

Der Einäugige, Schmächtige, der den Namen des Erzengels trug, erhob seine schwache Stimme. Er sprach: „Ich sah die heilige Stadt, das neue Jerusalem, von Gott aus dem Himmel herabfahren, bereitet als eine geschmückte Braut ihrem Mann.

Die Stadt bedarf keiner Sonne noch des Mondes, dass sie ihr scheinen; denn die Herrlichkeit Gottes erleuchtet sie, und ihre Leuchte ist das Lamm.

Und der Geist und die Braut sprachen: Komm! Und wer es hört, der spreche: Komm!"

Es war der Ostergruß, den Torgau den neun klugen Jungfrauen von Marienthron entbot.

Die neigten ihr verschleiertes Haupt.

Und eine sprach für alle: „Amen, ja komm, Herr Jesu."

Es schwirrte in der Luft von Flügelschlag.

Aus dem Gewirr der spröde knospenden Büsche am Rande des Bären- und des Löwengrabens an der Brücke zum Schloss flogen die Vögel, die im Efeu überwintert hatten, in unzählbaren Scharen zu dem grauen Himmel auf.

Sonst lag Stille über der Stadt. Nur die Glocken schwangen noch fort. Sankt Marien, zur Pfarr-, Stadt- und Frauenkirche auserkoren, wachte stark und milde über den Wällen und Mauern und den im frühen April noch kahlen Apfelgärten der Bürger: machtvoll wie Schloss Hartenfels, doch hilfreich von noch größeren Höhen her.

Vor Sankt Marien harrten die Menschen zu Hunderten schweigend auf den Kirchgang der entwichenen Nonnen. Neun flüchtige Nonnen schritten der Kirche zu – die an diesem Ostermorgen des Jahres 1523 noch dem Patronate ihres Klosters unterstand!

Die Jungfrauen von Marienthron nahten nicht von Leonhard Koppes würdigem Rats- und Kaufherrnhause am Markte her, in dessen Hof der Planwagen eingefahren war. Nun sie ihm und Magister Gabriel Zwilling zu Fuße folgten, hatte ihr Schützer für sie den Weg durch die Nonnengasse gewählt. An dem heiligen Fest und gar besonderen Tage wusste er sie zu dieser Stunde, da die Bürger sich um Sankt Marien drängten, menschenleer. Daran war ihm gelegen.

Es hatte nämlich an der Zeit gemangelt, die entflohenen Neun das weiße Velum und den schwarzen Schleier – waren sie auch im Herzen abgetan – vertauschen zu lassen mit weltlicher, fraulicher Kleidung. Dessen ungeachtet begehrten die Nonnen nach der langen, bangen Nacht der Wende Gott in seinem Hause Dank zu opfern; auch wurden ihre Bedenken zerstreut mit der dringlichen Versicherung, dass die Frommen von Torgau das Osterfest mit ihnen zu feiern verlangten. Herr Leonhard Koppe, der sorgsame, aber war darauf bedacht, dass sie nicht unnötiges und ungebührliches Aufsehen unter dem strömenden Volke erregten.

So winkte er auch denen vor der Kirche Sankt Marien zu, sie möchten Jubel und Anteilnahme, denen wohl auch Neugier untermengt war, meistern und sich noch vor den geistlichen Jungfrauen in das Gotteshaus begeben.

Gabriel Zwilling aber trennte sich von der Schar, da er nach der Entbietung des Ostergrußes auch die Predigt von der Auferstehung Jesu Christi halten sollte. An dem hohen Rundtor, das sich von Turm zu Turm spannte, ließ er sie zurück.

Der schwächlichste und unscheinbarste aller Männer, die zum Gottesdienst strömten, entschwand er in der Menge, sich seinen Weg zum Altare zu bahnen. Aber wie vor einem Mächtigen der Erde wichen die Menschen zur Seite, als stünde, seit er unlängst von Wittenberg kam, alles Volk der Stadt unter der Gewalt des Einäugigen. Erfasst von seiner Lehre, forderte es, Missstände und Missbräuche der Kirche abzuschaffen und das Wittenberger Evangelium als die Lehre eines neuen Heiles auszurufen. Der Ratsherr verharrte noch mit den Nonnen am Portal.

Obwohl der Ostertag trübe war, umspielte feierliches Licht die Kirche. Altes und neues, dunkles und helles Gestein war in ihr in eins gefügt. Über der alten, flachen Basilika waren nach dreihundert Jahren drei weite, hohe Hallen durch ein Menschenalter opferfreudigen Bauens hindurch errichtet und vor wenigen Jahren erst vollendet worden. Wuchtig, als wolle er das ganze Bethaus mit gen Himmel reißen, stieß der verwitterte Zwischenbau unter den eckigen Türmen empor. Schmucklos, war er nur von Schallöffnungen durchbrochen. Hinter deren schmalen Säulen, die von steinernem, wundersam sich entfaltendem Knospenschmuck gekrönt waren, wie Baum und Strauch ihn noch nicht trugen, zogen die Wolken in wehendem Fluge. Mit dem Windeswehen rauschte das Glockengeläut aus jenen schlanken Säulenpforten in der Höhe hervor, als brause ihr Klang aus den Wolken.

Die neun Jungfrauen traten durch das Tor der Abendseite, über dem eine steinerne Rose die Mauer zum Himmel hin zauberhaft öffnete. Zwei lange Reihen kantiger und strenger Pfeiler unter dem üppig verzweigten Kreuzgewölbe der edlen, stillen Halle bildeten immer wieder neue Tore zum Licht: hin zu dem erhöhten Chorraum, in dessen Tiefe die Kerzen des Altares erglänzten. Auch die steilen, schmalen, ebenmäßigen Fenster längs der Pfeilergänge und über dem Halbrund des Chorraums waren wie schimmernde Türen der himmlischen Wohnungen. Von denen aber war den Flüchtigen auf Erden von dem Herrn der Ostern zum Troste gesagt: „In meines Vaters Hause sind viele Wohnungen.“

Die strenge, alte Zisterzienserregel hatte dem Glasmaler und Steinmetz verwehrt, dass sie durch bunte Malereien dem Auge der Beter den Anblick des Himmels verhüllten. Der Himmel, nur der Himmel sah durch das gläserne Gefüge, das von edlem Steinmaßwerk gehalten wurde wie ein Blatt von seinen Rispen. Verhüllt und ernst stand der Ostertag hinter den Toren des Lichtes, wie wenn auch von ihm das Wort des Auferstandenen gesagt sei: „Rühre mich nicht an!"

Als blende sie die Fülle nur erahnten Glanzes, schloss Katharina von Bora die Augen. Ihr Retter nahm es wahr. So wie sie nachts im Fuhrmannsmantel durch die Heide fuhren, behielt er sie auch in Sankt Marien an seiner Seite. Was erst aus Misstrauen geschehen war, hatte sich in das Zeichen einer Verbundenheit gewandelt, die allmählich jene neunte aus dem Kreis der Schwestern zu lösen begann. Leonhard Koppe meinte, eine Schwäche oder Verwirrung wandle in dieser herzbewegenden Stunde die Übernächtige und ihre ermatteten Gefährtinnen angesichts der staunenden Menge an.

Da führte er die Schar in den Dämmer einer stillen Nebenhalle: sie, die für eine Nacht und einen Morgen ihm anvertraut waren, vor der Welt zu verbergen, der er sie wiedergegeben hatte.

Die Nonnen sanken in die Knie.

Der kühle Stein, den sie berührte, gab Katharina von Bora ein Gefühl von Halt und Rast. Hatte ihr der Anblick der Stadt den Wunsch erweckt, die erste Ruhe in der Welt und noch den letzten Schlaf auf Erden in der Hut ihrer

Türme finden zu dürfen, so wuchs nun dies Gefühl zu der übermächtigen Sehnsucht, unter dem Stein, darauf sie kniete, begraben zu sein. Dieser Stein sollte einst von ihrem Grabe sich heben, wenn die Gräber sich auftaten und aufstanden viele Leiber der Heiligen, die da schliefen, um in die himmlischen Wohnungen des Vaters zu gehen.

So sehr bangte sie sich vor der Welt, in der die Füchse Gruben und die Vögel unter dem Himmel Nester haben, des Menschen Sohn aber nicht hatte, da er sein Haupt hinlegte.

Tief neigte sich ihr Haupt auf den Stein. Sie fühlte seinen kalten Hauch. Und dennoch war es ihr wie lindes, mildes Wehen.

Sie ruhte aus: nicht nur von Mühsal und Bedrängnis dieser einen Nacht.

Der Einäugige pries den Gläubigen von Torgau das Osterwunder und die Rettungstat, die von der Nacht zum Morgen geschehen waren. Als hätte ihn die Macht seiner Botschaft der Stimme beraubt und das Wunder ihn übermannt: so atemlos sprach er, der Schmächtige, der den Namen des Erzengels trug; und war doch ausersehen, der wortgewaltige Verkünder der neuen Botschaft zu werden.

Weil der Magister ihnen in dem abgelegenen Gewölbe verborgen blieb und seine Stimme gar so schwach und leise war, so begeistert, ja stürmisch seine Rede auch ging, schien es den Nonnen, als redeten innere Stimmen zu ihnen, wie die Heiligen sie vernahmen, von denen sie sich kehrten. Sie lauschten nur der Stimme. Die zeugte von allem, das ihre Seelen erlitten. Denn mit des Wittenbergers Worten ward den neun nun offenbar, was bis dahin ihr Herz nur in geheimen Ängsten bedrängte.

Gabriel Zwilling nämlich, vor wenigen Jahren noch des Doktor Martinus Klostergenosse, hatte keines Wortes vergessen, das er je von dessen Lippen vernahm und von seiner Feder geschrieben las. In dieser Stunde aber war es vornehmlich das Wort, wie Ursache genug sei, dass die Seelen aus den Klöstern herausgerissen und geraubt werden müssten, wie man kann, ob auch tausend Eide und Gelübde geschehen wären.

Manche der abtrünnigen Ordensfrauen versanken völlig im Gedächtnis ihrer eigenen Pein; und vielleicht vermochte nicht mehr in ihr Inneres zu dringen, was nun der Einäugige den Bürgern und den Nonnen gleich einer seltsamen Mär zu erzählen begann. Die war ihm eingekommen, als er von den Mauern redete, denen die Nonnen entrannen, nicht danach fragend, welch Dach sich künftig über ihnen wölben und sie schützen werde.

„Es bauten zwei", sprach Gabriel Zwilling, „dem Herrn ein Haus, ein Papst und ein Mönch. Dem alten Papste war die ehrwürdige Basilika des Heiligen Petrus zu Rom zu gering für Glanz und Macht seines hohenpriesterlichen Amtes. Er gedachte einen Kirchbau zu errichten, wie die Erde ihn noch nicht trug. Dieser neue Tempel sollte aller Christenheit den Ruhm und die Erhabenheit des Heiligen Stuhles vor Augen stellen. Unter die Erde reichte das Bauwerk nach achtzehn Jahren des Planes und Schaffens so tief hinab, wie es dereinst zu den Wolken sich erheben sollte. In diese Fundamente war das Gut des Reichen und das Scherflein des Armen eingesenkt. Denn aus immer neuen Opfergaben sollte die herrlichste Kirche der Christenheit zum Himmel aufwachsen. Aber ihre Grundmauern verfielen. Vergeblich war die alte Basilika Sankt Petri niedergerissen; umsonst strömten die Spenden, die den zum Kirchbau ausgeschriebenen Ablass erkauften, nach Rom. Ach, ein gesegneter Baustein, ein Schatz im Himmel, da ihn weder Motten noch Rost fressen und da die Diebe nicht nachgraben noch stehlen konnten, sollte jeglichem Geber erworben sein. Aber das irdische Gut verprassten die Kirchenfürsten; die Gläubiger der Kurie strichen es ein. Das Werk der Künstler und der Maurer stockte.

Als aber zwölf Jahre hingegangen waren, stand ein Mönch auf und begann, ein lauteres Gegenbild des Kirchbaues zu Rom, der ewigen, heiligen und nun gefallenen Stadt, aufzurichten in Wittenberg, das klein war unter den Städten in Sachsen.

Welchen Grundstein hatte dieses neue Haus Gottes auf Erden? Allein das Wort Gottes! Welches waren die Träger seiner Hallen? Die Gebete der Gläubigen! Die Kunde von ihm aber traf auch die Verlobten Christi, die hinter Klostermauern mit den Paternosterkörnern klapperten und ihre Horen dahinplapperten und ohne Scham meinten, sie hätten Gott bezahlt und ihm genug getan, und setzten ihre Zuversicht in viel Geplärr, Geschrei und Gesang.

Die nun Christus wahrhaft verlobt waren, begaben sich der sicheren Hut des klösterlichen Hauses und pilgerten jenem unsichtbaren Hause entgegen, das auf das Wort gegründet war und aus Gebeten erwuchs."

Als Gabriel, der Prediger, nunmehr die klugen Jungfrauen von Marienthron zu rühmen begann, ging mancher Blick zu den Nonnen hinüber, die Leonhard Koppe hinter den Pfeilern der Seitenhalle und überdies noch durch seine breite Gestalt im Ratsherrnmantel zu verdecken suchte; denn mit diesem hatte er den Fuhrmannskittel vertauscht. Aber über allem Loben und Danken der Gemeinde war nun doch die Neugier entfacht. Denn in des Magisters Zwilling Predigt hatte es sich ein über das andere Mal ereignet, dass er bald von acht, bald von neun klugen Jungfrauen sprach. War ihm doch allein bekannt gewesen, dass der Kaufherr ausgefahren war, acht Nonnen von Marienthron zu holen; und so nur hatte es sich seinem Gedächtnis eingeprägt. Über die neunte, von der zuvor niemand wusste, hatte Koppe ihm auf dem Wege zur Kirche nur flüchtige Erklärungen geben können. Gedachte aber Gabriel Zwilling in seiner Osterpredigt der acht, so wurde er sich sogleich seiner Versäumnis bewusst. Flugs erhöhte er die Zahl der Nonnen so, wie er sie – gar erstaunt und bestürzt – am Stadttor erfahren und gesehen hatte. Und unter den Kirchgängern von Sankt Marien hob ein großes Raten und Verwundern an, was es sei um die neunte.

Seit die geistlichen Jungfrauen sich nach ihrem Gebet von den Knien erhoben hatten, saß Katharina von Bora auf langer, schmaler Bank in der Mitte der Schwestern, wie jene von ihrem Schleier verhüllt. Noch immer haftete ihr Blick auf der Steinplatte, unter der sie zu ruhen begehrte; und hatte sich doch in der Morgendämmerung der Äcker gefreut, obwohl sie noch winterlich brachlagen.

Die dunklen Augen blieben von Trauer erfüllt, als dulde ihre Schwermut kein anderes Gefühl mehr neben sich und als sei sie von aller Osterfreude ausgeschlossen. Leonhard Koppe war davon so betroffen, dass er erwog, dem Doktor Martinus ein Wort darüber zu sagen.

Eines hatte der wachsame Kaufherr nicht bemerkt. Als der Einäugige die Papstkirche zu Rom, die auf dem Schatz der Reichen und dem Scherflein der Armen sich erbaute, zu vergleichen begann mit dem ewigen Hause, das in Wittenberg auf das Wort Gottes gegründet ward, hob Katharina von Bora den Kopf, rasch und freudigen Ausdrucks.

*

Auch zu der letzten Kirche Torgaus, in der das österliche Hochamt noch in römischer Weise gefeiert wurde, strömte das Volk nicht mehr in Scharen, sich wie einst mit der Ostergabe des hunderttägigen Ablasses zu stärken, wie er der Klosterkirche der Franziskaner verliehen war. Die torgischen Brüder des heiligen Franziskus verharrten im Gehorsam gegen den Heiligen Stuhl; sie wähnten, sie allein wären noch in der Gnade geblieben, teilhaftig aller herrlichen Verheißungen, die über den höchsten und vornehmsten Stand, das Mönchstum, ausgesprochen waren.

Verängstigte Häuflein Frommer ihres Glaubens fanden sich scheu zu den Brüdern als einem letzten Hort und Halt. Sie begehrten mehr nach dem Schutze vor dem Fremden, Neuen, das sie bedrängte, als dass sie nach dem Schatz des Ablasses Verlangen trugen.

Den Vätern und Brüdern dieses Ordens aber war es widerfahren, dass Abtrünnige aus der Stadt sie bedrohten, als sie Tod und Grablegung des Herrn in den althergebrachten Bräuchen begingen. Doch fand auch der Ostermorgen den Abt und seine Konventualen um das Allerheiligste versammelt.

In großer, wenn auch mit Würde und Festigkeit gemeisterter Bangigkeit waren sie mit denen beieinander, die ihnen in Torgaus Bürgerschaft noch anhingen. Sollten sie, die treuen Glauben hielten und von der heiligen Ordnung Roms nicht ließen, gar noch vertrieben werden, weil Verlorene und Verdammte unter den Mönchen des Landes das Gelübde brachen und den Geweihten des höchsten

Gottes eine neue Freiheit verkündeten, die Gott wohlge-fälliger sei als der selige Stand, der Welt abgestorben zu sein und nur dem Himmel zu leben?

An der Stätte ihrer letzten Zuflucht klagten die Römischen in Torgau, wie die Altäre im Lande gestürzt, gebenedei-te Bildwerke vernichtet, heilige Tafeln weiß übertüncht und fromme Malereien von den Wänden geschabt wor-den seien. Ja, die Sakramente waren ans gemeine Volk verschleudert; und Firmung, Buße, Letzte Ölung, Pries-terweihe sollten künftig nicht mehr Sakramente heißen!

O über solche Lehre eines neuen Heils! Ihren Verkünder hatten die Helfershelfer in die heimliche Gefangenschaft auf der Wartburg bringen müssen, ihn vor dem Zorne Gottes und der Welt zu verbergen! Zu Tempelschändern waren ihre Träger geworden, so wahnwitzig und rasend, dass ihr Verführer aus der schützenden Haft ausbrechen und sich ihnen widersetzen musste! So furchtbar ging die Saat seiner Irrlehre auf.

Teuflische Predigt riss die Bürgerschaft der sächsischen Städte hin; riss sie hin, der ewigen Verdammnis entge-gen; und ward als frohe Botschaft gepriesen! Wie sollte eine frohe Botschaft sein, was keine andere Frucht hatte als Unordnung, Uneinigkeit, Unmäßigkeit?

Diesen festlichen Morgen nun war die schreckliche und unfassliche Botschaft in jedes torgische Haus gedrungen, Wahn und Aufruhr hätten sich auch eines Nonnenklos-ters bemächtigt – und dieses Kloster war Marienthron in Nimbschen! In Torgaus Mauern war Marienthron ge-gründet und stand bis zum heutigen Tage in hohem Ansehen bei der Bürgerschaft; und wahrlich nicht nur um der reichen Einkünfte willen, die den Zisterzienserinnen aus der Umgebung Torgaus zuflossen! Vielmehr wurde gerade diesem Kloster allenthalben nachgerühmt, wie seine ursprüngliche Einfachheit nicht, gleich manchem anderen, in Wohlstand erstickt und wie es nicht in Müßiggang satt geworden sei, sondern wie es Maß hielt im Erwerben von Besitz und, weder reich noch arm, treu und stetig blieb in strengem Dienst und gutem Werk.

Neun geistliche Jungfrauen von Marienthron hatten ihr Gelübde gebrochen! Neun Verlorene und mit ewiger Schande Befleckte waren schamlos zu Sankt Marien gelaufen, wie Jahrmarktsvolk seinen lärmenden Aufzug hielt! Und die sie in die Stadt einbrachten und zum entweihten Gotteshause drängten, waren ein Leonhard Koppe und Wolfgang Dommitzsch, Bürger aus altem und ehrbarem torgischem Geschlechte, auf die ihre Vaterstadt stets stolz war! Erst hatte man gemeint, es gelte eine frevelhafte Greueltat des jungen Koppe. Aber nur zu bald hatte mancher den Ratsherrn selbst gesehen, von den zuchtlosen Ordensfrauen umringt!

Der Ostergottesdienst in der Kirche der Franziskanerbrüder war in strenger und unwandelbarer Ordnung zu Ende gegangen, was auch immer die Sinne der Gläubigen verwirrte und ihre Herzen erschütterte. Als aber der Abt und die Väter und Brüder den Chorraum verließen und in der Klausur verschwanden, bemächtigte sich aller eine namenlose Unruhe, und das Gewölbe war erfüllt von angstvollem Raunen und entsetztem Flüstern.

Es hatte sich nämlich eine Frau bis an den Hochaltar gedrängt. Ein Bündel umklammernd, warf sie sich auf die Stufen. Schluchzen schüttelte ihren Leib. Die beiden Männer, die ihr beisprangen, hatten sogleich erkannt, wer sie sei: Marthe Schäfferin, des Schössers Leonhard Koppe alte Magd. Das Bündel aber, in das sie ihr Gesicht presste, um ihr Stöhnen zu ersticken, war ein wirrer Haufe von Hemden und Röcken.

„Nehmt sie von mir!", ächzte die Alte. Aber die Kleider entglitten schon ihren zitternden Armen und lagen auf den Stufen des Altars verstreut.

Niemand konnte etwas anderes vermuten, als dass die Magd von Wahnsinn befallen wäre. Jedoch spürte jeder, dass es etwas Besonderes sein müsse um das verzweiflungsvolle, rätselhafte Gebaren Marthe Schäffers. Diente sie doch in Koppes Hause; und kam doch von ihm das neue Unheil über die Stadt, das nicht mehr Irrlehre war, sondern Missetat!

Der heiligen Stätte vergessend, umdrängten nun immer mehr Männer die Alte mit ihren hastigen Fragen; die Frauen aber hielten sich erschreckt und beklommen zurück.

Nur die am nächsten standen, vermochten die abgerissenen Worte zu verstehen, die zwischen der Magd und den Männern hin und her flogen. Und die sie vernahmen, bekreuzigten sich.

In diese Kleider, Röcke, Hemden, Hauben hatte die alte Marthe Schäfferin die neun entwichenen Nonnen kleiden sollen. Sie schrie um Gnade. Sie flehte, man möge sie wieder aufnehmen um aller Heiligen willen, sie, die abgefallen war vom rechten Glauben und Dienste tat bei dem Ketzer.

Ein greiser Ratsherr, der Herrn Leonhard Koppe immer ein treuer Gefährte gewesen und große Stücke von dem Schösser hielt, bückte sich, las die Kleider auf und trug sie zur Seite, damit niemand als die, welche nahe am Altare standen, sie sähe.

Schweigend taten andere es ihm nach.

„Was soll ich tun, Ihr Herren?", flehte die Magd.

Aber es antwortete ihr keiner.

Ein Knabe jedoch, ein Ministrant im weißen Mantel, der wider Brauch und Regel heimlich zurückgeblieben und wie gebannt dem Geschehen am Altar gefolgt war, warf klirrend das Räucherfass zu Boden, das er noch in den Händen hielt. Mit beiden Fäusten riss er sein kostbares Hemdlein über der Brust mitten entzwei. Manche meinten, er habe sich jäh nach dem Herzen gegriffen. Denn er sank um. Aber die ihn auffingen, hatten schon erkannt, dass er über seinem Herzen eine Schrift des Wittenbergers trug.

Dass er der Bruder des jungen Andreas, des Dienstknaben der Äbtissin von Marienthron war, wusste keiner.

Der greise Ratsherr pochte an die Pforte zur Klausur.

„Ihr Väter", rief er beschwörend und in großer Bedrängnis, „Ihr Väter, kommt und helft!"

Aber die Brüder des heiligen Franziskus erschienen, bleichen Angesichtes, erst zum Vespergesange, auf dass die Ordnung nicht wanke und kein Buchstabe von dem Gesetz getan werde.

In der gewölbten, dämmrigen und kühlen Halle neben der Einfahrt, wo Leonhard Koppe als Kaufherr an wuchtigem Zahltisch mit Händlern und Fuhrleuten Abrechnung zu halten pflegte, waren die Nonnen versammelt. Es war, als solle sich denen, die eben noch Himmelsbräute hießen, eine bürgerliche Behausung noch nicht öffnen.

Droben im Hause des Schössers gab es nämlich mancherlei Unruhe und Ungemach, seit entdeckt wurde, dass die Magd mit den Kleidern, die für die Nimbschener Ordensfrauen bestimmt waren, davongelaufen war.

Herr Leonhard Koppe war ein Witwer. Erfahren im Handeln und Verhandeln, hatte er zwar dennoch verstanden, von den Frauen Gleichgesinnter in allem, was die städtische Gewandung der Nonnen anging, beraten und versorgt zu werden. Aber nun erwies sich schließlich alle Mühe dennoch als vergeblich. Zudem erregte ihn, den sonst Beherrschten, wiewohl Kühnen, nicht wenig, als er erfuhr, wohin Marthe Schäfferin sich gewandt hatte. Noch einmal schickte er von Tür zu Tür der Freunde und Helfer. Aber bis ein zweites Mal für das weltliche Kleid der geistlichen Jungfrauen gesorgt war, ging doch der erste Ostertag hin. Er musste beschließen, den Aufbruch nach Wittenberg bis zu dem zweiten Tage zu verschieben. Wiederum war ihm nicht unwillkommen, dass er die Stunden unvorhergesehenen Aufenthaltes dazu benützen konnte, sich mit den einzelnen Nonnen zu bereden, genauere Kenntnis von ihrer Art zu gewinnen und ihnen mitzuteilen, welche Nachrichten ihm von den Ihren bei der Vorbereitung ihrer Flucht zugekommen waren. Hatte er doch allein über Katharina von Bora durch die Umstände der Fahrt ein wenig mehr erfahren, als dass sie eine Klosterjungfrau von Marienthron sei, es fortan zu bleiben aber nicht mehr ertrüge. Gerade diese Nonne war jedoch vorher in keinerlei heimliche Verbindung mit ihm getreten.

Von den Schwestern von Zeschau, Margarete und Veronika, die er in dem Kreis der Konventualinnen noch nicht einmal herauszufinden wusste, war ihm lediglich bekannt, dass ihre nahe Verwandtschaft mit dem Hospitalmeister von Sankt Georg in Grimma, Herrn Wolfgang von Zeschau, die Möglichkeit geboten hatte, die Wittenberger Frohe Botschaft auch nach Nimbschen zu tragen. Über die flehentlichen Bitten der von dem Evangelium ergriffenen acht Nonnen hatte allein Magdalena von Staupitz ihm geheime Kunde gesandt. Die älteste der neun, wohl an fünfzig Jahre alt und mehr denn zwanzig Jahre lang Konventualin von Marienthron, war sie es wohl gewesen, die in klaren Entschluss und festen Plan verwandelte, was in den Schwestern noch zagendes Sehnen und schmerzliches Verlangen geblieben war.

In dem allem hatte sie viel Einsicht und edle Festigkeit bewiesen und sich als die rechte Schwester Herrn Johannes von Staupitz' bezeugt, dessen kluge und milde Züge auch sie trug. Regierte Johann von Staupitz auch noch bis zu diesem Tage das Benediktinerkloster Sankt Peter in Salzburg, so gedachte der torgische Ratsherr seiner dennoch in Ehrerbietung und aller erdenklichen Freundlichkeit. Denn er, der berühmte Generalvikar des Augustinerordens und treue Vater der ihm anvertrauten Brüder, war es gewesen, der einst mit weit- und menschenkundigem Blick erkannte, dass ein so heißes Herz und ein so feuriger Geist wie des Bruders Martin nicht in der Stille und Enge des Erfurter Klosters erstickt werden dürfe. Auf sein Betreiben war Doktor Martinus aus der Mönchszelle hinaus auf den Lehrstuhl der Universität getreten, um gar bald darauf an des Sachsenkurfürsten neu gegründete Universität Wittenberg berufen zu werden, die nunmehr durch ihn zur Kanzel und zum Katheder Deutschlands zu werden versprach.

In dem bei aller Beredtheit vorerst noch stockenden, weil gar so ungewohnten Gespräch, das er mit der Ordensfrau führte, bemerkte Leonhard Koppe alsbald, dass Schwester Magdalena, wie er sie noch immer ansprach, sich wiederholt zu Elsa von Canitz hinwandte. Denn da nur eine des Namens Elsa unter den geistlichen Jungfrauen sich befand, konnte die als Schwester Elsa Aufgerufene niemand anders sein als das edle Fräulein von Canitz.

Obwohl sehr viel jünger als Magdalena von Staupitz, ja, eine der jüngsten, schien sie dem Schützer der Nonnen eine Helferin der älteren Klostergefährtin gewesen zu sein, von dieser weise dazu ausersehen. Es ergab sich, dass der Ratsherr nunmehr sein Wort mitunter allein an Elsa von Canitz richtete, so überlegt und wohlvorgebracht waren ihre Antworten: fest gemeißelt wie ihr herbes Antlitz. Auch schien es mit der Billigung aller Schwestern zu geschehen, dass sie an ihrer statt Rede und Antwort stand. Sie wusste für alle zu reden außer für jene neunte. Von Katharina von Bora aber war ja Herrn Leonhard bekannt, dass sie ihren eigenen und einsamen Weg zu der Gartenpforte von Marienthron gegangen war. So brachte der Rats- und Kaufherr, an seinem Zahltisch stehend, vornehmlich Magdalena von Staupitz und Elsa von Canitz seine Eröffnungen vor, nicht ohne dann und wann Katharina von Bora mit ernstem Blicke zu streifen. Denn ihr allein hatte er keinerlei Nachricht zu bestellen, war doch ihre Flucht nicht vorbereitet gewesen und tat doch Doktor Martinus auch in seinem Karfreitagsschreiben, das den Entschluss zur Entführung der Nonnen besiegelte, ihres Namens keine Erwähnung.

Manche der Nonnen erfüllte es mit eigentümlicher Erregung, dass jener Brief, den Leonhard Koppe jetzt auseinanderfaltete, noch am Karfreitag von Doktor Martin Luther allein um ihretwillen geschrieben war. Wohl war es an den Schösser und Ratsherrn in Torgau gerichtet, aber angerufen war in ihm die ganze Christenheit; angefleht, beschworen und gemahnt wegen aller Leiden und Übel, die durch unbarmherzigen elterlichen Willen und das eigene unentrinnbare, doch unerfüllbare Gelübde über die Nonnen gebracht worden waren: Not und Tyrannei der Herzen, Stockmeisterei und Marter der Gewissen, Versuchungen und Sünden, Gefahr der Seelen in allen Stücken und endlich die Versuchung Gottes selbst!

Als er aber den Brief des Wittenbergers zu verlesen begann, kamen dem Räuber und Retter der Himmelsbräute von Marienthron Bedenken, ob er seinen Schutzbefohlenen den vollen Einblick in die Rechtfertigung gewähren dürfe, die in den glühenden Worten dieses Schreibens vor Zeit und Ewigkeit gegeben wurde. Denn es stand in ihm auch geschrieben, dass ein Weibsbild nicht geschaffen sei, Jungfrau zu sein, sondern Kinder zu tragen; und wiederum war darin gesagt, dass man die, welche dem Geiste gemäß zu leben vermögen und Klöster nützlich zu brauchen wissen, auch gern dort sind, in Gottes Namen in ihnen bleiben lassen solle.

Dies aber, erwog Herr Leonhard, müsse die armen Flüchtlinge verwirren, die da vor ihm saßen: bleich und übermüdet, vom langen Fasten abgezehrt, in ihren schwarzen Schleiern und den von der Fahrt befleckten, in Unordnung geratenen, ja zerrissenen weißen Kleidern.

Ihn jammerte der Jungfrauen, und er dachte daran, wie schwer Doktor Martin Luther geseufzt, als er die Statuten der Nonnen las, die er gar kalt geschrieben und aufgesetzt fand. Auch er seufzte tief; und er war entschlossen, den Ärmsten nichts widerfahren zu lassen als Trost. Als solchen aber sah er an, dass er den Nonnen mitteilen konnte, wie Doktor Martinus schon seit dem Jahresanfang Brief um Brief zu ihrem Besten hinausgesandt hatte. Er hatte sich mit der Last einer jeden beladen.

Seit ihm nämlich bekannt geworden war, welche unter den Konventualinnen zu Nimbschen unter der Einwirkung seiner Schriften ihr Gelübde widerrufen wollten, hatte er sich mit inständiger Bitte an die Angehörigen jeder Einzelnen gewendet, dass sie ihren Freunden und Kindern helfen und bedenken möchten, wie jene Menschen seien gleich wie sie!

Aber wie sollte Leonhard Koppe damit die Jungfrauen von Marienthron trösten? Standen dem nicht die bitteren Erfahrungen entgegen, die sie mit ihren eigenen Briefen an die Ihrigen gesammelt hatten? Er selber hatte diese Episteln unermüdlich und findig befördert. Erst als alles Flehen der Nonnen sich als vergeblich erwiesen hatte und sie bei Freundschaft und Verwandtschaft einen Halt nicht fanden, suchten sie Hilfe bei dem, der die große Unruhe in ihr Leben trug: sie schrieben an den hochgelehrten Doktor Martinus Luther zu Wittenberg einen Klagebrief und eine Schrift über ihr Elend; sie gaben ihm ihr Inneres zu erkennen und begehrten von ihm Trost, Rat und Hilfe.

Zum Helfer aber, wo keine Hand gereicht ward, hatte Doktor Martinus den ausersehen, der auch ihm all die gefährlichen und dringlichen Briefe überbrachte und ständig mit dem Kloster Nimbschen in mannigfacher Geschäftsverbindung stand. Und er schrieb aus Wittenberg, weil sie beide, Luther und Koppe, hier raten und helfen könnten, seien sie es auch schuldig; es sei die Pflicht christlicher Liebe, die Seelen und Gewissen zu retten. Aber auch Doktor Martinus sah Todesgefahr; dennoch musste die Flucht gewagt sein, ob's auch das Leben koste.

Der Todesgefahr waren die Nonnen zunächst entronnen. Die Not ihres Lebens blieb. Es war ans Ungewisse preisgegeben. Niemand war da, der für sie sorgte.

Das Maß ihrer Not abzuwägen, nahm der torgische Kaufherr eine wunderliche Teilung zwischen den neun klugen Jungfrauen der Osternacht vor. Zur Rechten ließ er die treten, deren Geschlecht in kursächsischen Landen ansässig war; zur Linken jene, die aus dem Herzogtume Sachsen stammten.

Nun erst, indem die einen sich zu den Stufen der Fensternische begaben, die anderen um eine Eisentruhe sich scharten, begann für Herrn Leonhard der Mensch vom Menschen sich abzuheben. Bisher hatte er nur ein Häuflein weißgewandeter, schwarzverschleierter Klosterfrauen erblickt und Alter kaum von Jugend, gefasste Stille kaum von lähmender Verzagtheit unterschieden. Lediglich Magdalena von Staupitz, die milde, kluge Älteste der Konventualinnen, die bei ihrer großen Jugend so überlegene und beherrschte Elsa von Canitz und Katharina von Bora hatten sich aus dem Kreis der stummen, müden Ordensschwestern herausgelöst und ihrem Beschützer nach Wesen, Sprache und Mienen eingeprägt.

Dem edlen Fräulein von Bora, das sich auf der nächtlichen Flucht des Öfteren scharfsinnig und tatkräftig erwies, schien nicht entgangen zu sein, dass auch der vielgewandte Schösser von Torgau einiger Ratlosigkeit erlag. Denn als Herr Leonhard, nachdem er die Nonnen aufgefordert hatte, sich in zwei Gruppen zu trennen, das Hin und Her der Klosterfrauen mit fragenden Blicken begleitete, war Katharina von Bora, wenn auch nicht ohne eine letzte Zaghaftigkeit, hervorgetreten und hatte ihm die Namen derer genannt, die an ihm vorüberschritten und eine der anderen glichen. Dabei war von dem in aller guten Sitte erfahrenen Ratsherrn nicht unbemerkt geblieben, dass Worte und Gebärden Katharinas von Bora edlen Anstand verrieten.

Sechs der Zisterzienserinnen hatten sich als Landestöchter der Kurfürsten von Sachsen zusammengefunden: Magdalena von Staupitz, Elsa von Canitz und jene zarten, scheuen Schwestern, die durch Herrn Wolfgang, ihren Oheim, gleichsam nichtsahnend die Urheberinnen der gemeinsamen Flucht geworden waren, Veronika und Margarete von Zeschau. Die junge Ave Gosse schien eines Haltes am meisten bedürftig; bange schmiegte sie sich an Lonatha von Golis, die wie Katharina von Bora zu den älteren unter den Nonnen zählte und, älter noch als jene, wohl an dreißig Jahre alt sein mochte. Doch war es gerade Lonatha von Golis, die um ihrer Schönheit willen die Blicke des Kaufherrn länger auf sich zog, der bis dahin seinen Schutzbefohlenen nur als der Retter verzweifelter Seelen begegnet war. Für einen Augenblick erstaunte er lächelnd: diese waren Frauen, nicht nur Gewissen und Seelen!

Die drei, die an der Eisentruhe standen, waren dem Herzoge von Sachsen untertan: Margarete und Ave von Schönfeld, die ungleichen Schwestern – unruhigen Blickes die eine, die andere vertrauensvoll und sanft –, und Katharina von Bora in ihrer Mitte, herb und stolz wie eine Herrin unter ihren Dienerinnen, obgleich sie desselben Standes und fast gleichen Alters waren. Diese drei betrachtete Herr Leonhard mit besonderer Sorge.

Denn Herzog Georg, der gelehrtesten und weisesten Fürsten einer, war der erbitterte Feind des Doktor Martinus und nunmehr auch, sobald die Botschaft ihn erreichte, der ergrimmte Gegner der entwichenen Nonnen. Es galt, die Schwestern von Schönfeld darauf vorzubereiten, dass die Ihrigen, deren Lehen in herzoglichem Gebiete lag, keine Möglichkeit besäßen, sich ihrer anzunehmen. Bald würde der Herzog seine Untertanen, sofern sie sich mit entlaufenen Ordensfrauen einließen, mit harten Strafen verfolgen oder sie doch zum Mindesten wegen ihrer nachträglichen Begünstigung der Entführung von gottgeweihten Klosterfrauen bei den Hofämtern zurücksetzen und benachteiligen. Leonhard Koppe kam es hart an, dass er Margarete und Ave von Schönfeld, die Nichten der Priorin, darauf vorzubereiten hatte, dass ihre Eltern und Geschwister, wollten sie nicht den Zorn ihres Landesherrn gegen sich entfesseln, ihre ungehorsamen Kinder als verlorene Kinder behandeln mussten. Georg von Schönfeld auf Löbnitz und Klein-Wölkau verschloss seinen Töchtern sein Haus, der düsteren Margarete wie der holden Ave. Katharina von Bora aber hatte nicht einmal Kenntnis, ob ihr Vater auf Lippendorf noch lebe. Nach dem Nachtgespräch mit ihr rührte der Kaufherr nicht mehr daran.

Den Töchtern der kursächsischen Geschlechter konnte Herr Leonhard einige Hoffnung machen, im kurfürstlichen Sachsen werde niemand recht wagen, sie anzutasten; zu viele Mönche hätten dort schon ihre Klöster verlassen und seien weltlich geworden. Freilich, der Austritt von Nonnen sei noch nie geschehen; und so dürfe es sie nicht wundernehmen, dass die Antworten ihrer Eltern und Verwandten abschlägig ausgefallen seien, abschlägig ohne jede Ausnahme. Wohl sei die neue Lehre schon in den Adel des Landes eingedrungen, aber man sei noch nicht bereit, ihr bis ins Letzte zu folgen.

Bei sich selbst bedachte der Kaufherr, es möchte sich da allerlei, Geistliches und Weltliches, miteinander verquickt haben. Die Eltern hatten ihre Töchter im Kloster für Zeit und Ewigkeit versorgt geglaubt und, soweit sie noch dem alten Glauben anhingen, sie in einem guten, seligen Stande aufgehoben gewähnt. War doch das Ansehen, das eine gottgeweihte Jungfrau in den Augen des Volkes, der Kirche und nicht zuletzt in dem eigenen Bewusstsein genoss, viel größer als dasjenige, das eine arme Edelfrau draußen in der Welt je finden konnte. Solche Gedanken hatten die Entschlüsse der Eltern bestimmt, als sie ihre Töchter einst dem Kloster übergaben; sie ließen sie auch jetzt dabei verharren, das Leben der Töchter solle in Klostermauern dahingehen. Die allermeisten dieser adligen Fräulein hatten es ja auch, äußerlich angesehen, im Kloster besser, behüteter und behaglicher als daheim im beschränkten Haushalt der Eltern oder eines eigenen Gatten. Auch war in einem und dem anderen Falle das Erbe der Nonnen vielleicht schon in Gedanken oder gar in Wirklichkeit verteilt. Und waren nicht endlich die Klosterfrauen der Welt entfremdet und taugten wenig ins Leben?

Den edlen Fräulein aus Kursachsen durfte ihr Entführer immerhin da und dort einen Weg zeigen, wie Doktor Martinus doch noch Rat zu schaffen vermöchte, obwohl auch er auf seine dringlichen Fragen und inständigen Bitten nur ein einziges, eisiges Nein zur Antwort empfangen hatte.

Für Elsa von Canitz mochte nach geschehenem Austritt, für den allein Dr. Martinus und Leonhard Koppe die Verantwortung tragen wollten, ihr einflussreicher Verwandter, Hans von Minkwitz, der Kurfürstliche Ritter und Rat, ein Wort bei den Ihren, den Edlen auf Dallwitz, einlegen. Die Schwester Lonathas von Golis, die Herrin auf Colditz, würde, nun sie ihr Gewissen nicht mehr mit der Mithelferschaft bei der Nonnenflucht belud, der Schwester die Zuflucht wenigstens fürs Erste nicht versagen.

Für Veronika und Margarete von Zeschau konnten mit aller gebotenen Vorsicht noch einmal von Neuem Verhandlungen mit ihrem Vater, dem kursächsischen Lehnsherrn Heinrich von Zeschau auf Obernitzschka, gepflogen werden. Keinesfalls aber war zu befürchten, dass ihr Oheim, der Hospitalmeister von Sankt Georg in Grimma, sie im Stich ließ.

Magdalena von Staupitz war es zwar verwehrt, sich ihrem Bruder, dem Abt Johann bei den Benediktinern von Sankt Peter in Salzburg, anzuvertrauen; aber ihrem zweiten Bruder, Herrn Günther von Staupitz auf Motterwitz, wollte man nicht Ruhe geben, bis er sich der alternden Schwester erbarmte. Denn wer unter den Staupitz hatte je sein Herz verschlossen, wo er leiden sah?!

Am längsten hatte der Kaufherr mit Ave Gosse, die so jung und hilflos war, zu reden, bedrängte sie doch nicht nur eigene Not. Ihr Bruder Magnus war gleich ihr durch elterliches Gelübde in früher Kindheit dem geistlichen Stande geweiht worden und kurz vor ihrer eigenen Flucht aus dem Benediktinerkloster in Chemnitz entwichen. Das hatte auch der Schösser in Torgau gehört. Doch welchen Weg nun Magnus Gosse nahm, blieb unbekannt. Wanderte er etwa dem Hause der Väter entgegen –, er würde die Seinen nicht mehr dort finden. Das ritterliche Geschlecht der Gosse saß nicht mehr zu Trebsen, dem alten Hause auf dem linken Ufer der Mulde, nördlich von Grimma. Reinhard und Christoph, der Ave und des Magnus Gosse Brüder, hatten das Vatererbe, bald nachdem sie es angetreten, verkauft. Immerhin – um welchen Handel zwischen Grimma und Torgau wusste Koppe nicht? –, es war in die Hände des Ritters und Rates Hans von Minkwitz gelangt. Und ging man den um Elsas von Canitz willen an, so mochte man es getrost auch für die junge Ave wagen, die väterlichen Schutzes bedurfte. Herr Hans von Minkwitz, reich und klug und allen großen Herren gut Freund, ward selten vergeblich gebeten.

Besorgt, es möchte manche Nonne enttäuschen, wie sich das Wunder der Osternacht am hellen Tage in bedachtes Abwägen irdischer Möglichkeiten verwandelte, schloss Herr Leonhard: „Doktor Martinus trägt Euch auf betendem Herzen. Mag alles ungewiss sein – dieses eine ist gewiss. Und Wittenberg ist Euer aller nächstes Ziel!"

Mit diesem Wort endlich, spürte er, spendete er wirklichen Trost, blieb der Dank der Nonnen auch stumm. Doch da trat Katharina von Bora vor den Schösser: „Herr, darf auch ich ihm nahen?"

Noch einmal ruhte der Blick des Kaufherrn lange prüfend auf der Neunten. Dann sagte er voller Güte: „Auch wenn er nicht davon wusste – ist er es nicht gewesen, der Euch rief? Wie sollte er Euch von sich weisen?"

Und seine Stimme war wieder freudig. Dem in Wittenberg vertraute er ganz. Für ihn war er ein Räuber geworden, ja ein Bettler.

Denn Stunde um Stunde, während er sich mit den Jungfrauen beriet und sie dazwischen zu zwei Malen allein, als weilten sie im klösterlichen Refektorium, speisen und beten ließ, durcheilten seine Helfer und Bedienten die Stadt, Kleider für die Nonnen zu erbitten.

Mancher Frau in Torgau, so sehr es sie entsetzte, was Marthe Schäfferin, Herrn Leonhards Magd, in der Kirche der Franziskanerbrüder getan hatte, war es nicht unwillkommen, dass sich ein Vorwand bot, selbst mit der Gabe an Hauben, Röcken, Hemden oder Schuhen im Hause des Ratsherrn zu erscheinen. Vielleicht erspähte man die Nonnen und kam mit ihnen ins Gespräch.

Aber so sehr er sich zu Dank verpflichtet wusste, wehrte Koppe alle ab. Er sah manch blasses, zagendes Gesicht im schwarzen Schleier den ganzen Tag im Geiste vor sich. So hielt er auch die Mägde fern, als die neun Nonnen sich zur Ruhe begaben, die ihnen seit der Karfreitagsnacht nicht mehr vergönnt gewesen war. Er selber trug die Öllampe voran. Die Klosterjungfrauen gedachten daran, wie sie zur vergangenen Nacht der Flammenschale in den Gärten von Marienthron nachgefolgt waren.

Ihre Lagerstätten waren ihnen jenseits eines langen hohen Ganges in einem großen, weitgewölbten Raume bereitet, in dem sich nur Schränke von schwerem Eichenholz befanden. Noch erschloss sich ihnen nicht das Haus mit seinen Stuben, Dielen, Kammern, Galerien. Noch war alles, wie es im Kloster gewesen: von einem Versammlungsgemache schritten sie durch einen Gang, der – weil die Warenballen in der Dunkelheit verschwanden – sich vom klösterlichen wenig unterschied, zu einem Dormitorium, in äußerster Einfachheit flugs hergerichtet.

An der Tür übergab Leonhard Koppe die Lampe an Katharina von Bora. Als er allen seinen Gruß entboten hatte, sprach er ihr, der neunten, von der keiner gewusst hatte, voller Freundlichkeit ein Wort des Neuen Testamentes zu, das sich an ihr erfüllen möge: „Also werden die Letzten die Ersten sein."

Das dankte ihm Katharina von Bora mit einer tiefen Neigung ihres Hauptes. Sein Trostspruch erregte sie sehr, wenn auch nichts in ihrer Haltung es verriet; sie war allein und arm auf Erden und in zwiefachem Sinne die letzte unter den Schwestern.

Auf einem langen, flachen Schrein stellte sie den Becher mit dem leuchtenden Öle nieder. Auf diesem Schreine waren die Kleider aufgeschichtet, die von den Jungfrauen am künftigen Tage angelegt werden sollten. Manche warfen einen scheuen Blick darauf. Denn es kam ihnen der Gedanke an den Tag ihrer Einkleidung, da sie von der Ehrwürdigen Mutter nach treuer und gestrenger Prüfung dem Konvent der Nonnen vorgeschlagen worden waren, um nach dem Fußfall vor der Domina und den Konventualinnen mit dem schwesterlichen Kusse jeder Einzelnen in die Versammlung der

Klosterfrauen aufgenommen zu werden. Damals wurde der jungen Novize das Haar abgeschnitten und von ihr als edles Opfer dargebracht, damit man ihr einen neuen Schmuck anzulegen vermöchte, auf dem höhere und dauerndere Verheißungen ruhten als auf der vergänglichen Schönheit des Leibes. Die lichte Kutte und der dunkle Schleier, das Velum, ward ihr angetan. Weiler und Kutte wurden mit Weihwedel und Rauchfass segensvoll besprengt. Den Heiland legte man den Himmelsbräuten im Kruzifix als Bräutigam in die Arme. Noch einmal schmückte sie ein Kranz aus irdischen Gärten, der weiße Rosenkranz, auf dass die neue Nonne ihn alsbald abtue und dem Heiland mit dem Schwur der ewigen Reinheit reiche.

War der Kuss der neun ein Judaskuss gewesen und ihr Gelübde ein Meineid? Die neun Jungfrauen von Marienthron hatten klug gehandelt, aber die Gedanken ihres Herzens waren noch töricht. Mit fragender Gebärde hob Katharina von Bora den Zipfel eines Mantels empor, der nahe der Lampe lag und in ihrem Schein in sattem Rot aufleuchtete.

Denn auch sie durchschauerte, angesichts der ersten Habe, die ihr und den Schwestern von der Welt nun dargeboten wurde, was die Ordensregel ihnen eingeprägt hatte; dass sie am Ort der Buße die größte Einfachheit der Kleidung zeigen müssten, sich weder mit weltlichen Gewändern noch auch mit den Fransen der Pharisäer schmücken dürften, sondern die Kutten bis an die Schultern heraufziehen sollten.

Keine der neun Jungfrauen legte diese Nacht die Kutte ab.

Als habe eine Obere es geboten, sanken die acht Verschworenen in die Knie, indes Katharina von Bora noch immer den Zipfel des roten Mantels ins Licht hielt, gleich einem der sündenvergebenden Heiligtümer von Marienthron. Doch fanden ihre Lippen das rechte Wort des Evangeliums über das Kleid, das abgetan, und das österliche Kleid, das angelegt werden sollte: „Wir werden verwandelt werden. Denn dies Verwesliche muss anziehen die Unverweslichkeit, und dies Sterbliche muss anziehen die Unsterblichkeit. Wenn aber dies Verwesliche wird anziehen die Unverweslichkeit und das Sterbliche wird anziehen die Unsterblichkeit, dann wird erfüllt werden das Wort, das geschrieben steht: Der Tod ist verschlungen in den Sieg. Tod, wo ist dein Stachel? Hölle, wo ist dein Sieg? Gott aber sei Dank, der uns den Sieg gegeben hat durch unsern Herrn Jesus Christus!"
Darüber stimmten sie den Abendhymnus an:

„So lasst uns, da die Sonne sinkt
und Dunkel wieder uns umringt,
nun ledig aller Last der Welt
lobsingen dem im Sternenzelt."

Aber die klugen Jungfrauen hatten die Last der Welt nun auf sich genommen.
Vor dem Hause des Schössers und Kaufherrn standen noch viele Bürger, die enttäuscht gewartet hatten, ob

man nicht doch noch ein Wort mit den entwichenen Nonnen würde wechseln können. Da wurden die ungeduldig Harrenden durch den lateinischen Gesang der Nonnen besänftigt. Ja, ein Gefühl der Weihe ergriff sie, als das Nachtlied der Flüchtlinge zu ihnen drang. Unwille und Neugier wurden still. Und wer es vermochte, stimmte in das klösterliche Singen derer, die dem Kloster entronnen waren, mit ein.

Schweigend gingen die Männer und Frauen von Torgau wieder heim. Auf jeden harrte ein schützendes Dach, und sie ahnten alle, dass es schwer sein müsse, von keiner anderen Zuflucht zu wissen als dem Sternenzelt.

Leonhard Koppe blieb lange wach.

Spät in der Nacht wurde der Türklopfer zagend an das Tor geschlagen. Der Kaufherr vernahm es sogleich. Er öffnete selbst, damit keiner vom Gesinde erwache. Es sollte kein Aufhebens gemacht werden um alles, was die Nonnenflucht betraf. Er wusste, wer da noch kam.

Taumelnd vor Müdigkeit, staubbedeckt, die schweren, derben Schuhe an Riemen in den Händen haltend, lehnten Andreas und Christoph, die Dienstknaben der Äbtissin von Marienthron, im steinernen Bogen des Tores.

Väterlich strich Herr Leonhard über ihr wirres Haar. Er brachte sie ins eigene Schlafgemach, trug die zinnerne Kanne, das Becken herbei und wollte ihnen selbst die wunden Füße waschen. Aber da wehrten beide erschrocken ab.

Der Kaufherr lächelte.

„Jesus spricht: So nun ich, euer Herr und Meister, euch die Füße gewaschen habe, so sollt ihr auch euch untereinander die Füße waschen."

Und er fügte hinzu: „Die Schrift will wieder Leben werden." Als er Brot und Milch und andere Stärkungen vor seine jungen Helfer hinstellte und sich zwischen ihnen niederließ, fragte Leonhard Koppe: „War eine Spur von Häschern auf dem Wege?"

Die müden Knaben schüttelten die Köpfe.

Trank und Speise ließ Andreas unberührt, indes der stämmigere Gefährte fast gierig nach Teller und Becher griff.

Aber als Andreas nun den Kaufherrn fragte, ob er den Doktor Martinus sehen werde, war seine Stimme hell und frisch. Doch Leonhard Koppe sah den unruhigen Glanz in den Augen des schmächtigen Knaben.

„Andreas", sprach er sehr ernst, „du hast dich von den Heiligen gekehrt und von der Wundersucht befreit. Doktor Martinus ist ein Mensch."

Plötzlich erhob er sich.

Er stockte. Dann sagte er noch einmal, zögernd, leise und doch fest:

„Ja, ein Mensch."

Katharina von Bora:
Stationen ihres Lebens

Lucas Cranach d. Ä., Katharina von Bora, um 1527

1499

Am 29. Januar erblickt Katharina von Bora das Licht der Welt. Ihre Familie gehört zum sächsischen Landadel. Wo genau sie geboren wurde, ist urkundlich nicht belegt. Allgemein nimmt man Gut Lippendorf in Neukieritzsch südlich von Leipzig als wahrscheinlichsten Geburtsort an.

In Neukieritzsch erinnert heute ein Lutherdenkmal an die berühmte Tochter der Gemeinde

Als zweiter möglicher Geburtsort gilt Hirschfeld bei Nossen, westlich von Dresden gelegen.

Die Kirche von Hirschfeld

Der etwa 800 Jahre alte romani-
sche Taufstein aus der Hirschfelder Kirche, an dem Katharina
von Bora vermutlich getauft wurde, steht heute im Kreuzgang des
Freiberger Doms.

Der Taufstein aus der Hirschfelder Kirche,
heute im Freiberger Dom

1505
Ende des Jahres wird Katharina in das Augustinerinnen-
Chorfrauenstift St. Clemens in Brehna aufgenommen.

Die Stadt- und Klosterkirche St. Jakobus und St. Clemens

1509

Sie wird in das Zisterzienserinnenkloster Marienthron in Nimbschen bei Grimma aufgenommen. Die Äbtissin des Klosters, Margarethe von Haubitz, ist ihre Tante. Katharina lernt Lesen, Schreiben, Latein, Singen, Wirtschaftsführung und Krankenbetreuung.

Die Ruinen des Klosters Nimbschen in einer Darstellung von 1840

1514

Katharina von Bora beginnt ihr Noviziat.

1515

Am 8. Oktober legt sie ihr Gelübde ab und wird zur Nonne geweiht. Es ist der frühestmögliche Zeitpunkt.

Kloster Nimbschen heute

1523

Zu Ostern verlässt Katharina von Bora zusammen mit einer Gruppe weiterer Nonnen das Kloster. In einer nächtlichen Flucht gelangen sie über Torgau nach Wittenberg. Luther bringt die Frauen bei Freunden unter und vermittelt ihnen Ehemänner.

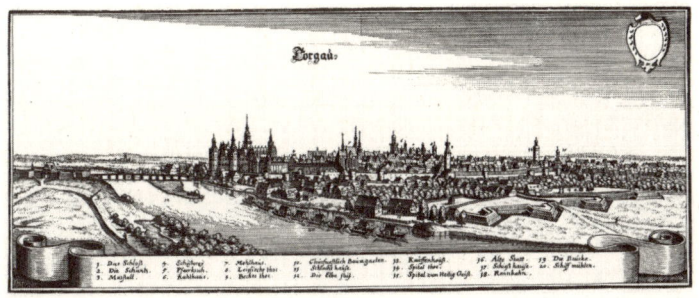

Torgau um 1650

Katharina von Bora findet im Hause des Malers Lucas Cranach d. Ä. Unterkunft. Der Künstler fertigt mehrere Porträts von ihr und von Martin Luther an.

Lucas Cranach d. Ä., Doppelporträt Martin Luthers und seiner Frau Katharina von Bora, um 1529

1525

Nachdem zwei Vermittlungsversuche gescheitert sind, wird es schwieriger, Katharina von Bora zu verheiraten. Martin Luther bittet sie selbst um ihre Hand. Am 13. Juni findet die Hochzeit im Schwarzen Kloster zu Wittenberg statt.

Die Hochzeit von Martin Luther und Katharina von Bora

1526–1534

Katharina Luther bringt drei Töchter und drei Söhne zur
Welt. Zwei Töchter sterben bereits im Kindesalter. Die Familie lebt weiterhin im ehemaligen Augustinerkloster in Wittenberg.
Katharina verwaltet und bewirtschaftet die Ländereien, den
großen Haushalt, und führt ein Hospiz zur Behandlung von
Pestkranken.

Das ehem. Augustinerkloster in Wittenberg wurde zum Wohnhaus
der Familie Luther

Im Hause Luther

1534–1544

Die Familie erwirbt Grundbesitz, darunter ein Witwensitz für Katharina in Zöllsdorf nahe Lippendorf. Größere Umbauarbeiten am Schwarzen Kloster nehmen sie in Anspruch.

Die Katharinenpforte am Wohnhaus der Familie Luther in Wittenberg

1546

Am 18. Februar stirbt Martin Luther 62-jährig. Katharina bleibt mit ihren Kindern zunächst im ehem. Kloster in Wittenberg wohnen. Sie gerät zunächst in eine wirtschaftlich prekäre Situation, weil ihr Ehevertrag, demzufolge sie Alleinerbin ist, nicht anerkannt wird. Erst ein Machtwort von Kurfürst Johann Friedrich I. von Sachsen verhilft ihr zu ihrem Recht.

Lukas Furtenagel,
Martin Luther nach seinem Tod,
Februar 1546

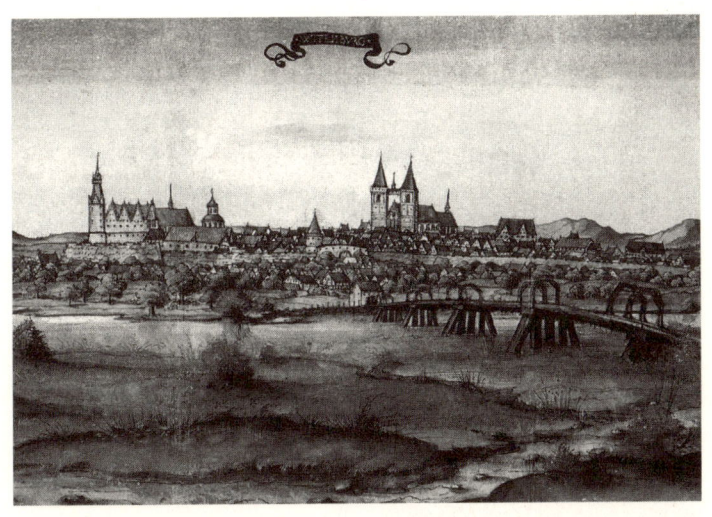

Wittenberg um 1536

1546–1547
Katharina flieht im
Schmalkaldischen Krieg
vor den kaiserlichen
Truppen nach Magde-
burg. Im Juli 1547 kehrt
sie nach Wittenberg
zurück.

Das Denkmal in Wittenberg
zeigt Katharina als energische,
tatkräftige Frau

Die Marienkirche in Torgau: Katharina Luthers letzte Ruhestätte

1552

Katharina verlässt Wittenberg wegen der Pest. Auf dem Weg nach Torgau verunglückt sie und bricht sich einen Beckenknochen.

Am 20. Dezember verstirbt Katharina Luther in Torgau an den Folgen ihres Unfalls. Am 21. Dezember wird sie in der Torgauer Marienkirche beigesetzt.

Das Epitaph Katharina Luthers
in der Marienkirche Torgau

Bildnachweis